Metz/Schaffland
Die Rechnungslegung der Genossenschaft

Sammlung Guttentag

# Die Rechnungslegung der Genossenschaft

**Kommentar**

von

**Rechtsanwalt Egon Metz**
**Rechtsanwalt Dr. jur. Hans-Jürgen Schaffland**

1991
Walter de Gruyter · Berlin · New York

Sonderausgabe der Kommentierung der Rechnungslegung aus
Lang/Weidmüller, Genossenschaftsgesetz, Kommentar, 32. Auflage,
Sammlung Guttentag.

*CIP-Titelaufnahme der Deutschen Bibliothek*

**Metz, Egon:**
Die Rechnungslegung der Genossenschaft: Kommentar / von Egon Metz; Hans-Jürgen Schaffland. — Sonderaus. — Berlin; New York: de Gruyter, 1991
(Sammlung Guttentag)
Aus: Genossenschaftsgesetz / Lang; Weidmüller. — 32. Aufl.
ISBN 3-11-012814-4
NE: Schaffland, Hans-Jürgen:



Satz und Druck: H. Heenemann GmbH & Co, 1000 Berlin 42
Bindearbeiten: Heinz Stein, 1000 Berlin 30
Printed in Germany

## Vorwort

Für das gesamte Unternehmensrecht im Bereich der bisherigen Bundesrepublik Deutschland hat das Bilanzrichtlinien-Gesetz vom 19. 12. 1985 (BGBl. I S. 2355) wichtige Änderungen gebracht: Die Regelungen insbesondere über Buchführung und Jahresabschluß wurden auf der Grundlage der 4. EG-Richtlinie im Rechtsraum der Europäischen Gemeinschaft vereinheitlicht.

Dies war für die Verfasser des Kommentars „Lang/Weidmüller" zum Genossenschaftsgesetz Anlaß für eine 32. Auflage, in der nicht nur die neuen Regelungen des Genossenschaftsgesetzes berücksichtigt, sondern erstmals auch die nunmehr für die genossenschaftlichen Unternehmungen geltenden Vorschriften des Handelsgesetzbuchs abgedruckt und für die Praxis erläutert werden.

Die Umstellung des Rechts und der Währung der DDR im Rahmen der Wiedervereinigung Deutschlands hat jetzt u. a. zur Folge, daß auch alle genossenschaftlichen Unternehmen eine D-Mark-Eröffnungsbilanz gemäß dem D-Markbilanzgesetz zu erstellen haben. In der Folgezeit unterliegen diese Unternehmen dann den besonderen Vorschriften über die Buchführung, den Jahresabschluß und Lagebericht, wie sie im Genossenschaftsgesetz und Handelsgesetzbuch enthalten sind.

Dies bedeutet, daß sich die verantwortlichen Unternehmensleiter und ihre zuständigen Mitarbeiter mit diesen neuen Regelungen vertraut machen müssen.

Die vorliegende Ausgabe enthält unverändert die Texte und Erläuterungen aus dem Kommentar Lang/Weidmüller zu den Rechtsbereichen Buchführung, Jahresabschluß und Lagebericht der Genossenschaften sowie ein ausführliches Stichwortverzeichnis.

Die Verfasser wünschen und hoffen, daß diese Sonderausgabe den genossenschaftlichen Unternehmen der DDR eine praxisorientierte Hilfe für die Zukunft sein möge.

Bonn, im November 1990

*Die Verfasser*

## Inhaltsverzeichnis

## Vor § 33

### I. Allgemeines

1 § 33 Abs. 1 enthält nur noch den Grundsatz, daß der Vorstand Träger der Buchführungspflicht ist. Abs. 2 enthält die bisherige Regelung des § 33 h, Abs. 3 die des § 33 i. Die früher in § 33—§ 33 g enthaltenen Rechnungsle-

gungsvorschriften sind durch das Bilanzrichtlinien-Gesetz in das HGB übernommen worden.

Für Genossenschaften gelten **zuerst** einmal die für alle Kaufleute und damit auch für Genossenschaften (§ 17 Abs. 2) aufgestellten allgemeinen Vorschriften der §§ 238–263 HGB. **Ergänzend** gelten die Sondervorschriften der §§ 336–339 HGB.

Durch die Verweisung in § 336 Abs. 2 HGB werden jedoch **auch** die §§ 264 Abs. 2, §§ 265–289 mit Ausnahme der §§ 277 Abs. 2 Satz 1, 279, 280, 281 Abs. 2 Satz 1, 285 Nr. 5, 6 einbezogen.

2 Der Kommentar trägt dieser neuen Rechtslage dadurch Rechnung, daß im **Anschluß an § 33** Vorschriften aus dem HGB kommentiert werden. So soll der Aussagewert des Kommentars — Genossenschaftsrecht und Rechnungslegungsrecht aus einer Hand — erhalten bleiben.

3 Hierbei werden die Vorschriften in folgender Reihenfolge kommentiert.

— § 33
— Anhang zu § 33: § 336 HGB
— Anhang zu § 33: § 264 HGB
— Anhang zu § 33: § 265 HGB
— Anhang zu § 33: § 266 HGB
— Anhang zu § 33: § 267 HGB
— Anhang zu § 33: § 268 HGB
— Anhang zu § 33: § 269 HGB
— Anhang zu § 33: § 270 HGB
— Anhang zu § 33: § 271 HGB
— Anhang zu § 33: § 272 HGB
— Anhang zu § 33: § 273 HGB
— Anhang zu § 33: § 274 HGB
— Anhang zu § 33: § 275 HGB
— Anhang zu § 33: § 276 HGB
— Anhang zu § 33: § 277 HGB
— Anhang zu § 33: § 278 HGB
— Anhang zu § 33: § 279 HGB
— Anhang zu § 33: § 280 HGB
— Anhang zu § 33: § 281 HGB
— Anhang zu § 33: § 282 HGB
— Anhang zu § 33: § 283 HGB
— Anhang zu § 33: § 284 HGB
— Anhang zu § 33: § 285 HGB
— Anhang zu § 33: § 286 HGB
— Anhang zu § 33: § 287 HGB
— Anhang zu § 33: § 288 HGB
— Anhang zu § 33: § 289 HGB

— Anhang zu § 33: § 330 HGB
— Anhang zu § 33: § 337 HGB
— Anhang zu § 33: § 338 HGB
— Anhang zu § 33: § 339 HGB

Soweit es um die § 238—263 HGB geht, sind diese in die Kommentierung der vorstehend bezeichneten Vorschriften einbezogen.

## § 33

## Buchführung; Jahresabschluß und Lagebericht

**(1) Der Vorstand hat dafür zu sorgen, daß die erforderlichen Bücher der Genossenschaft ordnungsgemäß geführt werden. Der Jahresabschluß und der Lagebericht sind unverzüglich nach ihrer Aufstellung dem Aufsichtsrat und mit dessen Bemerkungen der Generalversammlung vorzulegen.**

**(2) Mit einer Verletzung der Vorschriften über die Gliederung der Bilanz und der Gewinn- und Verlustrechnung sowie mit einer Nichtbeachtung von Formblättern kann, wenn hierdurch die Klarheit des Jahresabschlusses nur unwesentlich beeinträchtigt wird, eine Anfechtung nicht begründet werden.**

**(3) Ergibt sich bei Aufstellung der Jahresbilanz oder einer Zwischenbilanz oder ist bei pflichtgemäßem Ermessen anzunehmen, daß ein Verlust besteht, der durch die Hälfte des Gesamtbetrages der Geschäftsguthaben und die Rücklagen nicht gedeckt ist, so hat der Vorstand unverzüglich die Generalversammlung einzuberufen und ihr dies anzuzeigen.**

*Übersicht*



## I. Allgemeines

§ 33 enthält nur noch den Grundsatz der Buchführungspflicht sowie §§ 33 h und i a. F. Die Rechnungslegungsvorschriften ergeben sich in erster Linie aus dem HGB (vgl. Erläuterungen im Anhang zu § 33). **1**

## II. Buchführung

### 1. Zuständigkeit

2 Zur Buchführung verpflichtet ist nach Abs. 1 der **Vorstand** als Organ. Jedes Vorstandsmitglied, auch die stellvertretenden, müssen dafür sorgen, daß die erforderlichen Bücher geführt werden (vgl. Schlegelberger/Hildebrandt, HGB, § 38 Rdn. 2; Schlegelberger/Hefermehl, AktG, § 91 Rdn. 2). Von dieser Pflicht können weder Satzung noch ein Beschluß der Generalversammlung oder des Aufsichtsrats noch der Anstellungsvertrag entbinden.

3 Der Vorstand muß dafür Sorge tragen, daß ordnungsgemäß Buch geführt wird. In den Büchern sind die Handelsgeschäfte der Genossenschaft (sowie die Lage) nach den Grundsätzen ordnungsmäßiger Buchführung ersichtlich zu machen (§ 238 Abs. 1 Satz 1 HGB). Der Vorstand braucht die Bücher jedoch nicht selbst zu führen, sondern kann diese Aufgabe **delegieren.** Er hat dann eine ständige Aufsichtspflicht. Allerdings braucht er auch diese nicht persönlich durchzuführen (Mertens in Kölner Komm., § 91 AktG Rdn. 1). Jedoch besteht für jedes Vorstandsmitglied die Pflicht, stichprobenartig zu überprüfen, ob die persönlichen und sachlichen Einrichtungen für die Durchführung und Überwachung der ordnungsmäßigen Buchführung vorhanden sind (Meyer/Meulenbergh/Beuthien, § 33 Rdn. 8; Müller, § 33 Rdn. 3). Unterläßt ein Vorstandsmitglied dieses über eine längere Zeit, verletzt es fahrlässig seine sich aus § 33 Abs. 1 ergebenden Pflichten (vgl. RG, JW 1908, 604). Hat jedoch der Vorstand einem Vorstandsmitglied diese Aufgaben zugewiesen, so können die übrigen Vorstandsmitglieder davon ausgehen, daß das zuständige Vorstandsmitglied seinen Pflichten nachkommt; liegen Anhaltspunkte dafür vor, daß das zuständige Vorstandsmitglied seine Pflichten nicht ordnungsgemäß erfüllt, hat wiederum jedes Vorstandsmitglied auf die Erfüllung dieser Pflichten hinzuwirken bzw. sie ggf. selbst vorzunehmen (zur Geschäftsverteilung bzw. Delegierung vgl. § 27 Rdn. 19—21; zur Haftung bei Arbeitsteilung vgl. § 34 Rdn. 26 ff).

4 **Strafbarkeit** der Vorstandsmitglieder bei Verletzung der Buchführungspflichten nach § 283 b StGB; Strafverschärfung nach § 283 StGB im Falle der Überschuldung oder bei drohender oder eingetretener Zahlungsunfähigkeit.

4a **Schadensersatzpflicht** gegenüber der Genossenschaft nach § 34. § 33 Abs. 1 ist für die Mitglieder und Gläubiger der Genossenschaft kein Schutzgesetz im Sinne von § 823 Abs. 2 BGB. Nach § 34 Abs. 4 Satz 1 entfällt die Schadensersatzpflicht, wenn das Verhalten des Vorstandes auf einem gesetzmäßigen Beschluß der Generalversammlung beruht. Der Beschluß über den Jahresabschluß und den Jahresüberschuß (§ 48 Abs. 1) ist jedoch nicht gesetzmäßig, wenn beim Aufstellen des Jahresabschlusses gegen zwingende Bilanzierungsvorschriften verstoßen worden ist (Meyer-Landrut, Großkommentar zum AktG, § 91 Rdn. 6).

## 2. Grundsätze

Inhalt der **Buchführungspflicht** ist (§ 238 HGB), sämtliche durch die Geschäftstätigkeit ausgelösten Geld- und Güterbewegungen einzeln, und zwar vollständig, richtig, zeitgerecht und geordnet (239 Abs. 2 HGB) so aufzuzeichnen, daß ihr Inhalt erkennbar wird und daß über ihre Auswirkung auf die Vermögenslage und den finanziellen Betriebserfolg Rechenschaft gegeben werden kann (Müller, § 33 Rdn. 4; vgl. auch Schubert/Steder, § 33 Rz. 2; Schlegelberger/Hildebrandt, HGB, § 38 Rdn. 14); die Zusammenhänge der einzelnen Buchführungsvorgänge sind klar darzustellen (Müller, § 33 Rdn. 4). Die Buchführung muß so beschaffen sein, daß jeder sachverständige Dritte — also nicht ein Privatmann, aber andererseits auch nicht nur Wirtschaftsprüfer (Baumbach/Duden/Hopt, § 238 Anm. 4 D) — in die Lage versetzt wird, innerhalb angemessener Zeit einen Überblick über die Geschäftsvorfälle und über die Lage der Genossenschaft zu erhalten (§ 238 Abs. 1 Satz 2 HGB). 5

Um diese ordnungsmäßige Buchführung sicherzustellen, sind die **erforderlichen** Bücher zu führen. Art und Anzahl der zu führenden Bücher sind nicht vorgeschrieben, sie hängen von der Gegebenheit im Einzelfall ab unter Berücksichtigung der Grundsätze ordnungsmäßiger Buchführung (Niehus/Scholz in Meyer-Landrut/Miller/Niehus, GmbHG, §§ 41, 42 Rdn. 68). Lediglich zur äußeren Form der Bücher hat der Gesetzgeber einige Regelungen erlassen (vgl. § 239 HGB). Zu den kaufmännischen Buchführungssystemen gehören in jedem Fall Grund-, Haupt- und Nebenbücher (Hilfsbücher). Handelsbuch ist auch das Verwahrungsbuch nach § 14 DepotG, nicht hingegen das Tagebuch des Handelsmaklers nach § 100, das Tagebuch des Kursmaklers nach § 33 BörsG, das Aktienbuch nach § 67 AktG. Lose Zettel bilden jedoch niemals ein Handelsbuch (RGStR 50, 131). 6

Die **Anforderungen** an die Buchführung ergeben sich aus § 238 und § 239 HGB. Die Geschäftsvorfälle müssen sich in ihrer Entstehung und Abwicklung verfolgen lassen (§ 238 Abs. 1 Satz 3 HGB). Der Vorstand hat sich einer lebenden Sprache zu bedienen (§ 239 Abs. 1 Satz 1 HGB); bei Abkürzungen, Symbolen etc. muß im Einzelfall deren Bedeutung eindeutig festliegen (§ 239 Abs. 1 Satz 2 HGB). Die Eintragungen dürfen später nicht derart verändert werden, daß der ursprüngliche Inhalt nicht mehr feststellbar ist (§ 239 Abs. 3 HGB; vgl. zu den Anforderungen an Buchführung und Aufzeichnungen Peter/Bornhaupt/Körner, Ordnungsmäßigkeit der Buchführung; Budde/Kunz in Beck'scher Bilanzkomm., Erläuterungen zu §§ 238, 239 HGB). 7

Ein bestimmtes Buchführungssystem ist nicht vorgeschrieben, soweit nur die Vollständigkeit gewährleistet ist. Nach § 239 Abs. 4 HGB sind als **Arten** der Buchführung auch die Loseblatt-Buchführung, die Offene-Posten-Buchhaltung und andere Buchführungsformen (z. B. EDV-, Speicherbuchführung) zulässig. 8

9 Schon frühzeitig hatte sich die Entwicklung dem sogenannten **Loseblatt-System** mit Registerführung zugewendet. Wegen der Loseblatt-Buchführung vgl. die Mitteilung der Industrie und Handelskammer Berlin vom 25. 10. 1932, abgedruckt im WP-Handbuch 1981 S. 237 f, sowie bei Müller, § 33 Rdn. 13.

10 Wegen der **Offene-Posten-Buchhaltung** — eine kontenblattlose und teilweise auch journalbogenlose Buchführungsform — vgl. Gebert, WPg 1966, 197 ff; Maasen, DB 1970, 849 sowie der gemeinsame Ländererlaß vom 10. 6. 1963 (BStBl. II. S. 93 f).

11 Hinsichtlich der Loseblattbuchhaltung vgl. Gutachten der Industrie- und Handelskammer Berlin vom 25. 3. 1929. Von größerer praktischer Bedeutung ist jedoch die Buchführung mittels **automatisierter Datenverarbeitung** (ADV). Wegen der Anforderungen bei der Buchführung mit Datenverarbeitungsanlagen vgl. FAMA 1/1987, Grundsätze ordnungsmäßiger Buchführung bei computergestützten Verfahren und deren Prüfung. Zur Frage der Ordnungsmäßigkeit der Buchführung bei Einsatz datenverarbeitender Anlagen vgl. Grau, DB 1976, 1165 und 1245. Zur Ordnungsmäßigkeit einer computergestützten Fernbuchhaltung siehe BFH BStBl. 1979, II, S. 20 sowie BMF — Schreiben vom 11. 2. 1980, BB 1980, 304. Generell gilt, daß die gespeicherten Daten jederzeit in angemessener Frist lesbar gemacht werden können und mit den Originalunterlagen inhaltlich übereinstimmen, wenn sie lesbar gemacht werden (vgl. z. B. § 239 Abs. 4 HGB, § 147 Abs. 2 AO sowie Abschn. 29 Abs. 5 EStR). Die maßgebenden handelsrechtlichen Grundsätze ordnungsmäßiger Buchführung sind durch die Grundsätze ordnungsmäßiger Speicherbuchführung — GoS ergänzt worden (vgl. auch BMF-Begleitschreiben vom 5. 7. 1978, BStBl. I. S. 250).

12 Neben den handelsrechtlichen Vorschriften sind die Grundsätze ordnungsmäßiger Buchführung **(GoB)** zu berücksichtigen, die im weiteren Sinne auch die Grundsätze ordnungsmäßiger Bilanzierung umfassen. Ihrer Rechtsnatur nach sind sie ergänzende vom Gesetz erwähnte (z. B. in § 243 Abs. 1 HGB und in § 264 Abs. 2 HGB [i. V. m. § 336 Abs. 2 HGB]), wandelbare Richtlinien, die zwar nicht ausformuliert existieren, die jedoch Gesetzeskraft besitzen. Sie gelten dort, wo Gesetzesvorschriften keine oder keine abschließende Regelung treffen, wie z. B. hinsichtlich des Zeitpunktes der Bilanzierung, der Bilanzierung schwebender Geschäfte, der Bilanzierung bei Eigentumsvorbehalt und Sicherungsübertragung sowie überall dort, wo ein Beurteilungsspielraum besteht, z. B. bei den im Rahmen der Bewertung erforderlichen Schätzungen (WP-Handbuch, 1981 S. 644, vgl. auch ausführlich Leffson, Die Grundsätze ordnungsmäßiger Buchführung, 5. Auflage 1980 mit zahlreichen Literaturnachweisen). Im Einzelfall müssen sie aus dem Sinn und Zweck der Rechnungslegung ermittelt werden (Jahresabschluß der Waren- und Dienstleistungsgenossenschaften, 3. Aufl. Abschn. A V 1). Eine ausführliche Darstellung der Grundsätze ordnungsmäßiger Bilanzierung enthält der

Jahresabschluß der Waren- und Dienstleistungsgenossenschaften, 3. Aufl. Abschn. A V.

Die GoB konkretisieren sich u. a. in **steuerrechtlichen** Vorschriften, weil Bilanzsteuerrecht in gleicher Weise wie das Handelsrecht an die GoB gebunden ist; die GoB gelten stets einheitlich für Handelsrecht und Steuerrecht. Eine ordnungsmäßige Buchführung ist u. a. notwendig zur Ermittlung des steuerpflichtigen Gewinns (§ 5 Abs. 1 EStG). Insoweit muß insbesondere auf Abschn. 29 der Einkommensteuer-Richtlinien verwiesen werden. Aber auch die §§ 140—148 AO 1977; §§ 4 ff EStG 1981, §§ 11 b, 73 d EStDV 1979; § 22 UStG 1980, §§ 63—67 UStDV 1980 enthalten Vorschriften über die Buchführungspflichten. Zu den steuerlichen Besonderheiten unter Berücksichtigung von Rechtsprechung und Literatur, die neben den handelsrechtlichen Bilanzierungs- und Bewertungsregeln zu beachten sind, vgl. Beck'scher Bilanzkommentar, Der Jahresabschluß nach Handels- und Steuerrecht. **13**

### 3. Sonderfälle

Im Rahmen des **Depot-Geschäfts** haben Kreditgenossenschaften nach § 14 DepotG das in dieser Vorschrift vorgeschriebene Verwahrungsbuch zu führen. Die Richtlinien für die Depot-Prüfung enthalten nähere Bestimmungen über die Depotbuchprüfung. **14**

Gemeinnützige **Wohnungsbaugenossenschaften** haben ihr Rechnungswesen gem. § 23 Abs. 1 WGGDV nach den „Richtlinien für das Rechnungswesen gemeinnütziger Wohnungsunternehmen" des Gesamtverbandes gemeinnütziger Wohnungsunternehmen als Spitzenverband zu führen, ihre Buchführung nach dem von diesem herausgegebenen „Kontenrahmen der Wohnungswirtschaft" zu gestalten, seine Gliederungsvordrucke für die Bilanz- und GuV-Rechnung zu verwenden und die „Erläuterungen zum Jahresabschluß" zu beachten. Abweichungen sind mit dem zuständigen Prüfungsverband abzustimmen. Die Einhaltung der Richtlinien ist in die Prüfung einzubeziehen (§ 26 WGG i. V. m. § 53 GenG; s. i. E. „Erläuterungen zur Rechnungslegung der Wohnungsunternehmen [Genossenschaften]", Loseblatt-Ausgabe 1987, herausgegeben vom GGW, Einführung; Teil: A S. 2, 3; B S. 1—3; C S. 2, 4, ferner Rdn. 3 ff zu § 330 HGB im Anhang zu § 33 GenG). **15**

## III. Aufbewahrungspflichten

Aufzubewahren sind **zehn Jahre** Handelsbücher, Inventare, Bilanzen sowie die zu ihrem Verständnis erforderlichen Arbeitsanweisungen und sonstigen Organisationsunterlagen (§ 257 Abs. 1 Nr. 1 HGB in Verbindung mit Abs. 4). **16**

Aufzubewahren sind **sechs Jahre** die empfangenen Handelsbriefe, Kopien der abgesandten Handelsbriefe sowie Belege für Buchungen in den nach § 33 Abs. 1 GenG zu führenden Büchern (§ 257 Abs. 1 Nr. 2—4 HGB in Verb. m. Abs. 4). **17**

18 Die Aufbewahrungsfrist **beginnt** mit dem Schluß des Kalenderjahres, in dem die letzte Eintragung in das Handelsbuch gemacht, das Inventar aufgestellt, die Bilanz festgestellt, der Handelsbrief empfangen oder abgesandt oder der Buchungsbeleg entstanden ist (§ 257 Abs. 5 HGB).

19 Mit Ausnahme der Eröffnungsbilanzen, Jahres- und Konzernabschlüsse, die im Original zu verwahren sind, können alle Unterlagen als Wiedergabe auf einem **Mikrofilm** oder auf einem anderen Datenträger aufbewahrt werden, wenn dies den GoB entspricht und die Vollständigkeit sichergestellt ist. Die Wiedergaben oder die Daten müssen mit den empfangenen Handelsbriefen und den Buchungsbelegen wegen der Beweisfunktion bildlich übereinstimmen. Andere Unterlagen müssen inhaltlich vollständig wiedergegeben werden, wenn sie lesbar gemacht werden (§ 257 Abs. 3). Vgl. im einzelnen auch die Grundsätze ordnungsmäßiger Speicherbuchführung (GoS) in BStBl. 1978, I, S. 250. Mikroverfilmte Depotunterlagen haben — lesbar gemacht — grundsätzlich die gleiche Beweiskraft wie die Originalunterlagen (vgl. in diesem Zusammenhang Lampe, NJW 1970, 1097, 1101). Allerdings kann u. U. die Erstellung eines graphologischen Gutachtens Schwierigkeiten bereiten. Aus diesem Grunde empfiehlt es sich, über Vorgänge von besonderer Bedeutung die Originalunterlagen aufzubewahren. Als Leitfaden für Steuerpflichtige und Betriebsprüfer vgl. auch Der Mikrofilm als Aufzeichnungsmedium in Revision und Betriebsprüfung, herausgegeben vom AWV, 1983, Erich Schmidt Verlag, Berlin, sowie die Grundsätze für die Mikroverfilmung von gesetzlich aufbewahrungspflichtigem Schriftgut — Mikrofilm — Grundsätze — BdF-Schreiben vom 1. 2. 1984 (BStBl. I. 1984, 156).

19a Neuere Entwicklungen (optische Speicherverfahren, z. B. DOR, sind der EDV zuzuordnen und nach den Grundsätzen der Speicherbuchführung zu beurteilen (Rdn. 8, 11, 19).

20 Die gleichen Fristen und Grundsätze gelten auch hinsichtlich der **steuerlichen** Aufbewahrungspflichten (§ 147 AO).

## IV. Jahresabschluß, Lagebericht

### 1. Allgemeines

21 Jede Genossenschaft hat beim Beginn ihrer Tätigkeit eine Eröffnungsbilanz nach Maßgabe des § 242 Abs. 1 HGB sowie ein Eröffnungsinventar (§ 240 Abs. 1 HGB) aufzustellen. Für jedes Geschäftsjahr (also nicht Kalenderjahr) ist danach ein Jahresabschluß (vgl. hierzu Rdn. 26), der um einen Anhang (§ 242 i. V. m. § 336 Abs. 1 HGB) zu ergänzen ist sowie einen Lagebericht (§ 336 Abs. 1 HGB) und ein Inventar (§ 240 Abs. 3 HGB) im Interesse des Mitglieder- und Gläubigerschutzes zu erstellen. **Zuständig** ist der Vorstand als Organ. Der Vorstand kann sich nicht nur der Mithilfe Dritter insbesondere von Mitarbeitern bei der technischen Erstellung des Jahresabschlusses und des

Geschäftsberichts bedienen, sondern kann Erstellung auch einzelnen Vorstandsmitgliedern übertragen. Im letztgenannten Fall müssen jedoch Jahresabschluß und Lagebericht vom Gesamtvorstand gebilligt werden, da es auch um die Festlegung der Bewertungs- und Abschreibungsmethoden, um außerplanmäßige Wertberichtigungen etc. geht (vgl. Adler/Düring/Schmaltz, AktG, § 148 Rdn. 4; unklar Müller, § 33 Rdn. 21). Hinsichtlich der Mehrheitsverhältnisse bei der Beschlußfassung vgl. im einzelnen § 27 Rdn. 22—27. Gleiches gilt für den Lagebericht (vgl. Müller, § 33 Rdn. 24).

Der Jahresabschluß und der Lagebericht sind binnen einer **Frist** von fünf Monaten nach Ablauf eines Geschäftsjahres für dieses aufzustellen (§ 336 Abs. 1 Satz 2 HGB). Nach ihrer Aufstellung sind sie unverzüglich, d. h. ohne schuldhaftes Zögern dem Aufsichtsrat und mit dessen (schriftlichen) Bemerkungen (Rdn. 25) der Generalversammlung vorzulegen (§ 33 Abs. 1 Satz 2). Das Registergericht kann den Vorstand hierzu durch Zwangsgeld anhalten (§ 160 Abs. 1 Satz 2). Kein schuldhaftes Zögern, wenn unverzügliche Vorlage an Aufsichtsrat und sodann eine Generalversammlung zwar nicht unmittelbar nach Aufstellung, aber noch vor Ablauf von sechs Monaten nach dem Ende des Geschäftsjahres erfolgt; dies ergibt sich aus § 48 Abs. 1 Satz 3. **22**

Nach § 245 HGB ist der Jahresabschluß auf dem Original von allen (auch den stellvertretenden) Vorstandsmitgliedern, die zum Zeitpunkt der Unterzeichnung im Amt sind, eigenhändig unter Angabe des Datums zu **unterzeichnen.** Die Unterzeichnung des Lageberichts (§ 289 HGB) ist zwar nicht gesetzlich vorgeschrieben, dürfte sich jedoch empfehlen. Gleiches gilt für das Inventar, für das § 240 HGB ebenfalls keine Unterzeichnung verlangt (so auch Meyer/Meulenbergh/Beuthien, § 33 Rdn. 18). **23**

**Vorstandsmitglieder,** die gegen den Jahresabschluß gestimmt haben, haben ihn gleichwohl zu unterzeichnen (vgl. Meyer-Landrut, Großkom., AktG, § 91 Anm. 4). Gleiches gilt für behinderte Vorstandsmitglieder, es sei denn, daß diese durch höhere Gewalt (z. B. Krankheit) nicht in der Lage sind, an der Aufstellung des Jahresabschlusses mitzuwirken (zum ähnlich gelagerten Problem bei Anmeldungen zum Genossenschaftsregister vgl. § 157 Rdn. 3). Suspendierte Vorstandsmitglieder haben kein Recht auf Mitwirkung bei der Aufstellung und Unterzeichnung des Jahresabschlusses. Wollen Vorstandsmitglieder den Jahresabschluß nicht billigen, bleibt ihnen nur die Möglichkeit des Rücktritts aus dem Amt. Hinsichtlich der behinderten Vorstandsmitglieder ist es jedoch vertretbar, daß bei der Veröffentlichung ihr Name aufgenommen wird (zum Vorstehenden zutreffend Adler/Düring/Schmaltz, AktG, § 148 Rdn. 8). **24**

Sind Jahresabschluß und Lagebericht erstellt, ist folgendes **Verfahren** zu beachten. Sie sind dem Aufsichtsrat unverzüglich zur Überprüfung und Stellungnahme zuzuleiten (§ 38 Abs. 1 Satz 2 GenG). Die Bemerkungen des Aufsichtsrats brauchen nicht von sämtlichen Mitgliedern des Aufsichtsrats unter- **25** zeichnet zu werden, vielmehr genügt in der Regel Unterzeichnung durch den Vorsitzenden des Aufsichtsrats (Eisinger, JW 1937, 725 m. zust. Anm. Schröder; vgl. auch AG Karlsruhe, BlfG 1937, 416). Hinsichtlich des Verfahrens bei der Beschlußfassung durch die Generalversammlung vgl. § 48 und die dortigen Erläuterungen.

**2. Jahresabschluß**

26 Der Jahresabschluß besteht aus (§ 242 Abs. 3 HGB)
— der Jahresbilanz (§ 266 HGB)
— der Gewinn- und Verlustrechnung (§ 275 HGB).
Er wird erweitert um einen **Anhang,** der mit der Bilanz und der Gewinn- und Verlustrechnung eine Einheit bildet (§ 336 Abs. 1 HGB). Der Jahresabschluß wird ergänzt durch den **Lagebericht** (§ 336 Abs. 1 Satz 2 i. V. m. § 289 HGB).

*a) Bilanz*

26 a Für die Durchführung der Inventur sind folgende Verfahren zulässig.
— Stichtagsinventur (§ 240 Abs. 2 HGB)
— permanente Inventur (§ 241 Abs. 2 HGB)
— besonderes Inventar (§ 241 Abs. 3 HGB)
— Stichprobeninventur (§ 241 Abs. 1 HGB).

27 Statt der jährlichen körperlichen Bestandsaufnahme zum Bilanzstichtag **(Stichtagsinventur)** kann fortlaufende Festhaltung der Zu- und Abgänge im Laufe des Jahres anhand von Lagerbüchern (Lagerkarteien) erfolgen **(permanente Inventur,** § 241 Abs. 2 HGB); auch in diesem Fall muß in jedem Jahr mindestens einmal eine körperliche Bestandsaufnahme erfolgen, die nicht für alle Bestände zum gleichen Zeitpunkt stattzufinden braucht. Auch kann der Bestand der Vermögensgegenstände nach Art, Menge und Wert mit Hilfe anerkannt mathematisch-statistischer Methoden aufgrund von Stichproben ermittelt werden (§ 241 Abs. 1). Eine **besondere** Inventur mit wertmäßigem Fort- oder Rückrechnen ist ebenfalls möglich (vgl. im einzelnen (§ 241 Abs. 3 Nr. 2 HGB); zur Durchführung der Inventur vgl. ausführlich Jahresabschluß der Waren- und Dienstleistungsgenossenschaften, 3. Aufl. Abschn. A IV.

28 Die **Bilanz** ist eine Zusammenstellung des aus dem Inventar sich ergebenden Standes der Aktiven und Passiven mit Feststellung des aus ihrem Vergleich sich ergebenden Resultats. In der Bilanz findet die Gesamtheit aller im Unternehmen eingesetzten Werte in zweifacher Weise ihren rechnerischen Ausdruck — als Vermögen bzw. als Kapital (Wöhe S. 29). Das Vermögen stellt als Gesamtheit aller im Unternehmen eingesetzten Wirtschaftsgüter und Geldmittel die **Aktiven** dar. Das Kapital bildet als Summe aller von der Genossenschaft und ihren Mitgliedern (Eigenkapital) und von Dritten (Fremdkapital) dem Betrieb überlassenen Mittel die **Passiven.** Zum Inhalt der Bilanz vgl. § 336 i. V. m. § 264—274 sowie § 337 HGB (hierzu Erläuterungen im Anhang zu

§ 33). Je nach dem Bilanzzweck ist theoretisch die Vermögens-(Bestands-) Bilanz von der Gewinnermittlungs-(Ertrags- oder Gewinnverteilungs-)Bilanz zu unterscheiden; praktisch ist die Unterscheidung oft schwierig. Die Jahresbilanz der Genossenschaft ist Vermögensbilanz, gleichzeitig aber auch Gewinnermittlungs-(Gewinnverteilungs-)Bilanz. Reine Vermögensbilanzen dienen der Feststellung der tatsächlichen Vermögenswerte am Stichtag ohne Rücksicht auf etwaige frühere Bilanzen; hierher gehören die Eröffnungsbilanz, die bei Eintragung der Genossenschaft aufzustellen ist (Rdn. 35) und die Liquidationseröffnungsbilanz (§ 89 und die dortigen Erläuterungen).

Aus der Handelsbilanz wird die **Steuerbilanz,** die keine selbständige Bilanz **29**
ist, abgeleitet (Maßgeblichkeit der Handelsbilanz für die Steuerbilanz). In ihr wird das Vermögen angesetzt, das nach den Grundsätzen ordnungsmäßiger Buchführung auszuweisen ist (§ 5 Abs. 1 EStG). Jede ordnungsgemäße Einzelbewertung in der Handelsbilanz ist grundsätzlich auch für die Steuerbilanz maßgebend, allerdings nur, soweit sie mit den steuerrechtlichen Bewertungsvorschriften (§ 5 Abs. 4 i. V. m. §§ 6, 7 EStG) in Einklang steht (WP-Handbuch 1981 S. 660 m. w. N., vgl. auch ausführlich Beck'scher Bilanzkommentar, Der Jahresabschluß nach Handels- und Steuerrecht). Voraussetzung für die Maßgeblichkeit der Handelsbilanz ist, daß deren Ansätze richtig und nicht fehlerhaft sind (BFH, Beschluß des Großen Senats, BStBl. 1969, II, 291).

Die Bedeutung des Grundsatzes der **Maßgeblichkeit** liegt vor allem darin, **30**
daß in der Steuerbilanz der Ansatz der Handelsbilanz bei den Aktiven nicht unterschritten und bei den Passiven nicht überschritten werden darf. Außerdem sind die handelsrechtlichen Aktivierungs- und Passivierungsverbote auch steuerlich zu beachten; Aktivierungs- und Passivierungswahlrechte sind hingegen steuerlich unbeachtlich: Ein handelsrechtliches Aktivierungswahlrecht bedeutet steuerlich Aktivierungsgebot, ein handelsrechtliches Passivierungswahlrecht bedeutet steuerlich Passivierungsverbot (BFH, Beschluß des Großen Senats, BStBl 1969, II, 291).

Die zunehmende Verwendung der steuerlichen Bilanzierung als Instru- **31**
ment staatlicher Förderungsmaßnahmen mit nichtfiskalischer Zielsetzung (Förderung bestimmter Personengruppen, Wirtschaftszweige oder Regionen) unter gleichzeitiger Aufrechterhaltung des Abhängigkeitsprinzips führte zu einer Rückwirkung der steuerlichen Bilanzierung auf die Handelsbilanz, die als **umgekehrte Maßgeblichkeit** bezeichnet wird (vgl. WP-Handbuch 1981 S. 661). Gesetzgeber, Rechtsprechung und Finanzverwaltung fordern in vielen Fällen als Voraussetzung der Inanspruchnahme steuerlicher Vergünstigungen eine konforme Bilanzierung oder Bewertung in der Handelsbilanz. Eine auf Steuerersparnis bedachte Genossenschaft wird daher schon bei der Erstellung der Handelsbilanz steuerliche Sonderbestimmungen berücksichtigen und die handelsrechtliche Bilanzierung nach steuerlichen Leitsätzen ausrichten.

32 Bei den Vermögensgegenständen und Schulden sind stets die allgemeinen Bewertungsgrundsätze des § 252 HGB (Anhang zu § 33: § 264 Rdn. 10ff) und die Wertansätze des § 253 HGB (Anhang zu § 33: § 264 Rdn. 21 ff) zu beachten. Sonderposten mit Rücklagenanteil (§ 247 Abs. 3 HGB) können nur noch unter den in § 273 HGB genannten Voraussetzungen gebildet werden (hierzu Anhang zu § 33: § 273 HGB).

33 Bei **Kreditgenossenschaften** und gemeinnützigen Wohnungsbaugenossenschaften mit Spareinrichtung mit jeweils mehr als 10 Mio. DM Bilanzsumme ist der Bestätigungsvermerk des Prüfungsverbandes vor der Vorlage des Jahresabschlusses an die Generalversammlung einzuholen (vgl. Erläuterungen zu § 53). Nach § 26 KWG ist für die Aufstellung eine Drei-Monats-Frist und nach § 27 KWG für die Prüfung eine Fünf-Monats-Frist einzuhalten.

34 Wegen der **Wertansätze** in der Bilanz für **alle Genossenschaften** vgl. die Bewertungsvorschriften des § 252ff HGB, hierzu vgl. auch ausführlich Jahresabschluß der Waren- und Dienstleistungsgenossenschaften, 3. Auflage Abschn. A. V S. 3ff; Budde/Ihle, Beck'scher Bilanzkomm., S. 388ff; zu den Bilanzierungsgrundsätzen und Bewertungsgrundsätzen vgl. auch Niehus/Scholz, §§ 41, 42 Rdn. 108ff bzw. Rdn. 154ff zu HGB §§ 238—335).

35 Bei der **Gründung** der Genossenschaft ist zum Zeitpunkt der Eintragung der Genossenschaft eine Eröffnungsbilanz und ein Eröffnungsinventar aufzustellen. Gleiches gilt bei **Fortsetzung** einer aufgelösten Genossenschaft gemäß § 79a.

*b) Gewinn- und Verlustrechnung*

36 Die **Gewinn- und Verlustrechnung** ist die Gegenüberstellung der im Geschäftsjahr angefallenen Aufwendungen und Erträge, aus der die Entstehung des in der Bilanz ausgewiesenen Gewinns oder Verlustes erkennbar wird (Schubert/Steder, § 33 Rz. 9). Hinsichtlich der Gliederung der Gewinn- und Verlustrechnung vgl. § 275 HGB (Anhang zu § 33: § 275 und die dortigen Erläuterungen). Im Verhältnis zur Bilanz gilt die Regel, daß die Gewinn- und Verlustrechnung den Inhalt der Bilanz zu bestimmen hat und nicht umgekehrt (Wöhe S. 229).

**3. Anhang**

37 Der mit dem Jahresabschluß zu verbindende (frühere Erläuterungsbericht) **Anhang** (§ 336 Abs. 1 Satz 1 HGB) soll die Bilanz (§ 242 Abs. 1 Satz 1 HGB) sowie die Gewinn- und Verlustrechnung (§ 242 Abs. 2 HGB) erläutern. Darüber hinaus enthält er zusätzliche Angaben, z. B. zur Finanzlage. In diesen sind die in §§ 284, 285 HGB enthaltenen Angaben aufzunehmen (im einzelnen Erläuterungen zu § 284 im Anhang zu § 33; vgl. auch Erläuterungen zu § 338 im Anhang zu § 33).

### 4. Lagebericht

Gemäß § 336 Abs. 1 Satz 1 HGB ist die Erstellung eines Lageberichts vorgeschrieben. Der Lagebericht (§ 289 HGB) hat Geschäftsverlauf und Lage der Genossenschaft so darzustellen, daß ein den tatsächlichen Verhältnissen entsprechendes Bild vermittelt wird. Zum Inhalt des Lageberichts vgl. im einzelnen die Erläuterungen zu § 289 HGB im Anhang zu § 33. **38**

## V. Beschränkung der Bilanzanfechtung (Abs. 2)

Der Beschluß der Generalversammlung über den Jahresabschluß (§ 48 Rdn. 2—4) ist nach dieser Vorschrift nur dann nicht anfechtbar, wenn durch die Verletzung die Klarheit des Jahresabschlusses nur unwesentlich beeinträchtigt worden ist. Die **Bilanzklarheit** ist dann nicht mehr unwesentlich beeinträchtigt, wenn durch die Verletzung der vorgenannten Bestimmungen für einen kundigen Bilanzleser (vgl. auch § 33 Rdn. 51) falsche Vorstellungen über wesentliche Punkte der Geschäftsverhältnisse der Genossenschaft erweckt werden (Müller, § 33 h Rdn. 2). **39**

Gleiches dürfte gelten, wenn gegen die Grundsätze der **Bilanzwahrheit** nur unwesentlich verstoßen wird (a. A. Müller, § 33 h Rdn. 2), da es dem Sinn und Zweck dieser Vorschrift entspricht, generell nicht ins Gewicht fallende Verstöße von der Anfechtung auszunehmen. Gleiches gilt auch für die Verletzung der **Grundsätze ordnungsmäßiger Bilanzierung** (a. A. wiederum Müller, § 33 h Rdn. 2). **40**

Bei besonders schwerwiegenden Mängeln, z. B. bei erheblicher Überbewertung auf der Aktivseite und nicht vollständiger Erfassung von Verbindlichkeiten kann andererseits die Bilanzierung nicht nur anfechtbar, sondern **nichtig** sein. Im übrigen kann sich Nichtigkeit bzw. Anfechtbarkeit nach den **allgemeinen Grundsätzen** ergeben (vgl. ausführlich die Erläuterungen zu § 51). Zu den zwingenden gesetzlichen Vorschriften, die zur Nichtigkeit führen können, zählen auch zwingende Regeln der § 33 GenG u. §§ 238 ff HGB (vgl. auch § 48 Rdn. 3). **41**

## VI. Einberufung der Generalversammlung bei Verlust (Abs. 3)

### 1. Allgemeines

Die **Zielsetzung** dieser Vorschrift ist, sicherzustellen, daß die Mitglieder über Vermögensverluste, für die sie unter Umständen im Falle des Konkurses der Genossenschaft einstehen müssen, rechtzeitig unterrichtet werden. Die Vorschrift wurde eingeführt durch Novelle 1973 als § 33 i und durch das Bilanzrechtlinien-Gesetz nach § 33 übernommen; vorher bestand eine Verpflichtung des Vorstandes zur Einberufung der Generalversammlung nur im Falle der Überschuldung und bei Genossenschaften mit unbeschränkter Nachschußpflicht (§ 121 a. F.). Die neue Vorschrift gilt für alle Genossenschaften; **42** sie lehnt sich an § 92 Abs. 1 AktG an. Die Einberufung der Generalversammlung ist nunmehr schon vorgeschrieben, wenn ein Verlust besteht, der durch die Hälfte des Gesamtbetrages der Geschäftsguthaben und durch den Gesamtbetrag der Rücklagen (a. A. Müller, § 33i Rdn. 1 und 2, der nur auf die gesetzliche Reserve abstellt) nicht gedeckt ist. In die Rücklagen ist auch ein bestehender Beteiligungsfonds gemäß § 73 Abs. 3 (vgl. § 73 Rdn. 28 ff) einzubeziehen.

**2. Verlustfeststellung**

43 § 33 Abs. 3 unterscheidet zwei Fälle:

— Der Verlust besteht bei Aufstellung der Jahresbilanz oder einer Zwischenbilanz.
— Es ist bei pflichtgemäßem Ermessen anzunehmen, daß ein Verlust in entsprechender Höhe besteht.

Entscheidend ist insbesondere aufgrund des zweiten Falles der **Zeitpunkt,** in dem der Verlust erkannt wird, nicht higegen der Anlaß, aus dem sich der Verlust ergibt. Das Gesetz verlangt, daß der Vorstand ständig über den Vermögensstand der Genossenschaft wacht und somit auch darüber, ob ein Verlust in der vom Gesetz genannten Höhe entstanden ist (Frankenberger, Genossenschaftsforum, 4/1975, 38).

44 Für die Frage, ob ein Verlust in der unter Rdn. 1 genannten Höhe besteht oder zu erwarten ist, gelten die **allgemeinen Bewertungsgrundsätze.** Die Vorschriften der §§ 252 ff HGB sind zu beachten. Der Vorstand hat z. B. Forderungen im Rahmen seiner Sorgfaltspflicht (§ 34) zu bewerten. Auch Pensionsverpflichtungen sind zu berücksichtigen (Frankenberger, Genossenschaftsforum, 4/1975, 40). Es sind alle Möglichkeiten zu berücksichtigen, die für die Frage der Einbringlichkeit der Forderung von Bedeutung sein können. Die Bürgschaft z. B. eines organisationseigenen Garantiefonds macht die Forderung voll bewertbar, so daß insoweit ein Verlust nicht besteht. In jedem Fall muß der Verlust in der in Rdn. 1 genannten Höhe nachhaltig vorliegen; ein nur vorübergehender Verlust in dieser Höhe führt nicht zu den Folgen des § 33 Abs. 3.

45 **Stille Reserven** können Berücksichtigung finden, so daß durch deren Auflösung der Verlust vermindert oder vermieden werden kann. Hierbei ist zu unterscheiden: Freiwillige stille Reserven, d. h. Bewertungsreserven in Höhe des Unterschiedsbetrages zwischen dem Buchwert und dem nach dem Genossenschaftsgesetz bzw. den Grundsätzen ordnungsmäßiger Bilanzierung höchstens zulässigen Wertansatz können stets berücksichtigt werden; zwangsläufig entstandene stille Reserven, d. h. die, durch die über die Anschaffungs- oder Herstellungskosten hinaus gestiegenen Preise entstanden sind — z. B. Wertzuwächse bei Grundstücken und Gebäuden, Kursreserven in Wertpapieren und Beteiligungen —, dürfen nur insoweit berücksichtigt werden, als sie sofort

oder kurzfristig realisiert werden können (stille Reserven in betriebsnotwendigen Grundstücken scheiden mithin in der Regel aus). Handelt es sich hierbei um unversteuerte stille Reserven, muß auch eine eventuelle Steuerbelastung berücksichtigt werden (zum Vorstehenden wie auch zum Meinungsstreit, ob bei der Verlustfeststellung von den Bewertungsgrundsätzen auszugehen ist, die für die Jahresbilanz gelten, oder ob die für den Vermögensstatus maßgebenden Zeitwerte i. S. von § 246 Abs. 1 HGB = § 40 Abs. 2 a. F. HGB anzusetzen sind, vgl. ausführlich Frankenberger, Genossenschaftsforum, 4/1975, 38—40). Stets dürfen die Grundsätze der kaufmännischen Vorsicht nicht außer acht gelassen werden.

Kommt der Vorstand bei seiner Überprüfung (Rdn. 2. 2. Fall) nicht zu einem klaren Ergebnis, hat er eine Zwischenbilanz aufzustellen. Stets ist nicht der sich ergebende Jahresfehlbetrag des bilanzierten Zeitraums, sondern der **Gesamtverlust** unter Einbeziehung eines evtl. Verlustvortrags aus den Vorjahren maßgeblich (Schubert/Steder, § 33 i Rz.7). **46**

Der Vorstand wird vor Einberufung der Generalversammlung Möglichkeiten berücksichtigen dürfen, den Verlust nachhaltig zu beseitigen, sofern dies sofort geschehen kann (abwegig Müller, § 33 i Rdn. 7); es liegt nicht zuletzt im Interesse der Genossenschaft, der Mitglieder und der Gläubiger, wenn durch sofortige **Sanierungsmaßnahmen,** z. B. durch eine Sanierungszusage organisationseigener Garantiefonds, Verluste erst gar nicht wirksam werden. Unter anderem aus diesem Grunde empfiehlt es sich, den zuständigen Prüfungsverband zum frühestmöglichen Zeitpunkt einzuschalten. Ebenso kann zum Zwecke der Sanierung eine Garantie oder eine Bürgschaft von einer Zentralbank oder Zentralgenossenschaft oder auch von Garantiefonds gegeben werden (Schubert/Steder, § 33 i Rz. 10). Der Verzicht auf die Einberufung der Generalversammlung ist aber nur gerechtfertigt, wenn kurzfristig über die vorliegenden Sanierungsanträge entschieden wird und die Sanierungsmaßnahmen zur umgehenden Beseitigung des Verlustes führen (vgl. Frankenberger, Genossenschaftsforum, 4/1975, 38; Hefermehl in Geßler/Hefermehl/Eckardt/Kropff, AktG, § 92 Rdn. 7); andernfalls besteht Einberufungspflicht ohne schuldhaftes Zögern. Die Einberufungspflicht entfällt auch, wenn z. B. durch Sanierungsmaßnahmen der Verlust unter die in Rdn. 1 genannte Grenze sinkt. **47**

Bei einer Genossenschaft, die als Bauherrin im steuerbegünstigten Wohnungsbau mit Aufwendungsdarlehn geförderte Wohnungen errichtet hat, führen die Darlehn nicht zur Überschuldung im handels- und konkursrechtlichen Sinn, wenn der Darlehnsgläubiger mit der Genossenschaft vereinbart, mit seiner Forderung hinter die Forderung aller anderen Gläubiger in der Weise zurückzutreten, daß sie nur aus künftigen Gewinnen oder aus ihrem die sonstigen Verbindlichkeiten übersteigenden Vermögen bedient zu werden braucht (§ 88 Abs. 3 II. WoBauG, s. dazu Fischer-Dieskau/Pergande, II. Wo- **48**

BauG, § 88, Anm. 01, S. 3, und Anm. 7, S. 11). Sind diese Voraussetzungen gegeben, kann der Vorstand von der Einberufung der Generalversammlung absehen; es sei denn, daß ein Verlust i. S. v. § 33 Abs. 3 auch dann besteht, wenn die Aufwendungsdarlehen nicht berücksichtigt werden.

### III. Rechtsfolgen

49 Ist unter Berücksichtigung vorstehender Ausführungen die Generalversammlung einzuberufen, so hat dies **unverzüglich** zu geschehen. Zur Einberufung ist nach dem Wortlaut des § 33 Abs. 3 der Vorstand verpflichtet; eine Pflicht des Aufsichtsrats kann sich aufgrund der §§ 38 Abs. 2, 41 GenG im Einzelfall ergeben (Frankenberger, Genossenschaftsforum, 4/1975, 41; a. A. Müller, § 33 i Rdn. 4).

50 Bei der Einberufung ist der **Zweck** der Generalversammlung anzugeben; die Tagesordnung muß klar erkennen lassen, daß der Generalversammlung eine Anzeige nach § 33 Abs. 3 erstattet werden soll (Müller, § 33 i Rdn. 8): eine nicht unproblematische Regelung, da eine übereilte Publizierung wirtschaftlicher Schwierigkeiten bei Mitgliedern und Gläubigern zu Reaktionen führen kann, die eine erhebliche Verschärfung der aufgetretenen wirtschaftlichen Belastungen zur Folge haben (hierauf weisen Schubert/Steder, § 33 i Rz. 5 mit Recht hin).

51 In der Generalversammlung sollten nicht nur die Mitglieder unterrichtet werden, sondern es sollten zugleich **Maßnahmen** zur (teilweisen) Verlustdekkung vorgeschlagen werden, z. B. weitere Einzahlungen bzw. eine Erhöhung des Geschäftsanteils mit sofortiger Einzahlungspflicht (Schubert/Steder, § 33 i Rz. 3).

52 Neben der **Beschlußfassung** der Generalversammlung über die (teilweise) Verlustbeseitigung kann auch der Vorstand weitere Möglichkeiten der Sanierung planen und durchführen. Ist eine Sanierung nicht möglich, muß Liquidation bzw. Konkurs eingeleitet werden.

53 Bei **Pflichtverletzungen** machen sich Vorstandsmitglieder nach § 34 der Genossenschaft gegenüber schadensersatzpflichtig. § 33 Abs. 3 ist jedoch kein Schutzgesetz im Sinne des § 823 Abs. 2, mithin kein Schadensersatzanspruch der Gläubiger der Genossenschaft (BGH, BB 1979, 1929 für AG). Strafbarkeit — auch bei Fahrlässigkeit — ergibt sich aus § 148 Abs. 1 Nr. 1. Die Einberufung kann hingegen nicht durch Festsetzung von Zwangsgeld erzwungen werden.

## Anhang zu § 33

### § 336 HGB

### Pflicht zur Aufstellung von Jahresabschluß und Lagebericht

**(1) Der Vorstand einer Genossenschaft hat den Jahresabschluß (§ 242) um einen Anhang zu erweitern, der mit der Bilanz und der Gewinn- und Verlustrechnung eine**

**Einheit bildet, sowie einen Lagebericht aufzustellen. Der Jahresabschluß und der Lagebericht sind in den ersten fünf Monaten des Geschäftsjahres für das vergangene Geschäftsjahr aufzustellen.**

**(2) Auf den Jahresabschluß und den Lagebericht sind, soweit in den folgenden Vorschriften nichts anderes bestimmt ist, § 264 Abs. 2, §§ 265 bis 289 über den Jahresabschluß und den Lagebericht entsprechend anzuwenden; § 277 Abs. 3 Satz 1, §§ 279, 280, 281 Abs. 2 Satz 1, § 285 Nr. 5, 6 brauchen jedoch nicht angewendet zu werden. Sonstige Vorschriften, die durch den Geschäftszweig bedingt sind, bleiben unberührt.**

**(3) § 330 über den Erlaß von Rechtsverordnungen ist entsprechend anzuwenden.**

Für Genossenschaften gilt generell der 1. **Abschnitt** des 3. Buches des 1
HGB, der Vorschriften für alle Kaufleute und damit gemäß § 17 Abs. 2 GenG auch für Genossenschaften enthält (§§ 238—263 HGB). Diese Vorschriften entsprechen bzw. ergänzen die früher in §§ 38 ff HGB enthaltenen Regelungen.

Außerdem finden die speziell für eingetragene Genossenschaften geschaffenen ergänzenden Vorschriften des 3. Abschnitts Anwendung (§§ 336—339). Diese entsprechen zum Teil den bisher in §§ 33 ff GenG enthaltenen Vorschriften.

Dieser 3. **Abschnitt** regelt nur die Besonderheiten, die bei eingetragenen 2
Genossenschaften gelten. Im übrigen wird durch § 336 Abs. 2 auf den **2. Abschnitt,** der für Kapitalgesellschaften gilt, verwiesen (§§ 264 ff, soweit diese Vorschriften wegen ihrer Rechtsformneutralität auch auf Genossenschaften Anwendung finden können, vgl. im einzelnen die in Abs. 2 aufgezählten Vorschriften sowie die entsprechenden Erläuterungen nachfolgend hinter den Erläuterungen zum § 336).

Der Jahresabschluß besteht weiterhin — wie bisher — aus der Bilanz und 3
der Gewinn- und Verlustrechnung (§ 242 Abs. 3 HGB; vgl. auch § 33 Rdn. 21 ff). Nach § 336 Abs. 1 Satz 1 ist er um einen **Anhang** zu erweitern, der mit der Bilanz und der Gewinn- und Verlustrechnung eine Einheit bildet. Der Anhang entspricht grundsätzlich dem bisherigen Erläuterungsbericht als Teil des Geschäftsberichts, ist jedoch um zusätzliche Berichtspflichten erweitert worden (vgl. im einzelnen die nachfolgenden Erläuterungen zu §§ 284 ff HGB). Da dieser Teil des Geschäftsberichts nunmehr zum Jahresabschluß gehört, reduziert sich der Geschäftsbericht alter Fassung auf den Lagebericht (hierzu Erläuterungen zu § 289). Wird der Anhang der Generalversammlung nicht zur Beschlußfassung vorgelegt, ist die Feststellung des Jahresabschlusses fehlerhaft, allerdings nicht nichtig, sondern nur anfechtbar, da der Anhang lediglich Erläuterungen und Berichtspflichten zur Bilanz und zur Gewinn- und Verlustrechnung enthält (vgl. im einzelnen Erläuterungen zu §§ 284, 285 HGB im Anhang zu § 33).

Erstmals wird für Genossenschaften die Frist zur Aufstellung des Jahresab- 4
schlusses und des Lageberichts konkretisiert, nämlich innerhalb von 5 Mona-

ten nach Ablauf des Geschäftsjahres. Für Kreditgenossenschaften und Wohnungsgenossenschaften mit Spareinrichtung ist die Sonderfrist des § 26 KWG zu beachten. Hinsichtlich der weiteren Verfahrensweise vgl. § 33 Rdn. 22ff und § 48 Rdn. 2ff.

5 Abs. 2 verweist auf den Abschnitt 2, nimmt aber insbesondere dessen Vorschriften über die Unzulässigkeit stiller Reserven aus. Genossenschaften dürfen solche weiterhin bilden, soweit nicht Grenzen auch für Einzelkaufleute und Personengesellschaften bestehen (Grundsatz der vernünftigen kaufmännischen Beurteilung).

6 Durch Abs. 3 wird — wie bisher durch § 33g — die Ermächtigung zum Erlaß von Formblattverordnungen gegeben (vgl. die Erläuterungen zu § 330 HGB in Anhang zu § 33).

## § 264 HGB
### Pflicht zur Aufstellung

**(1) Die gesetzlichen Vertreter einer Kapitalgesellschaft haben den Jahresabschluß (§ 242) um einen Anhang zu erweitern, der mit der Bilanz und der Gewinn- und Verlustrechnung eine Einheit bildet, soweit einen Lagebericht aufzustellen. Der Jahresabschluß und der Lagebericht sind von den gesetzlichen Vertretern in den ersten drei Monaten des Geschäftsjahrs für das vergangene Geschäftsjahr aufzustellen. Kleine Kapitalgesellschaften (§ 267 Abs. 1) dürfen den Jahresabschluß und den Lagebericht auch später aufstellen, wenn dies einem ordnungsmäßigen Geschäftsgang entspricht; diese Unterlagen sind jedoch innerhalb der ersten sechs Monate des Geschäftsjahrs aufzustellen.**

**(2) Der Jahresabschluß der Kapitalgesellschaft hat unter Beachtung der Grundsätze ordnungsmäßiger Buchführung ein den tatsächlichen Verhältnissen entsprechendes Bild der Vermögens-, Finanz- und Ertragslage der Kapitalgesellschaft zu vermitteln. Führen besondere Umstände dazu, daß der Jahresabschluß ein den tatsächlichen Verhältnissen entsprechendes Bild im Sinne des Satzes 1 nicht vermittelt, so sind im Anhang zusätzliche Angaben zu machen.**

*Übersicht*

## I. Allgemeines

Abs. 1 gilt nicht für Genossenschaften (§ 336 Abs. 2 Satz 1). Abs. 2 Satz 1 enthält gewissermaßen das Ergebnis der Anwendung der handelsrechtlichen Bilanzierungsvorschriften. Diese Vorschrift ist die Konsequenz des in § 243 HGB festgelegten Prinzips, daß der Jahresabschluß nach den Grundsätzen ordnungsmäßiger Buchführung aufzustellen ist und klar und übersichtlich sein muß. Ähnliche Formulierungen enthielt § 33 b a. F. GenG. **1**

Die Forderung nach einem die **tatsächlichen** Verhältnisse der Gesellschaft darstellenden Abschluß ist allen anderen Anforderungen an den Jahresabschluß übergeordnet (Niehus/Scholz in Meyer-Landrut/Miller/Niehus, GmbHG, HGB §§ 238—335 Rdn. 110). Diese Generalklausel ist im Zweifel zur Auslegung von Vorschriften und zur Schließung von Lücken in den gesetzlichen Regelungen heranzuziehen. Sie steht jedoch nicht in dem Sinne über der gesetzlichen Regelung, daß sie es erlauben würde, den Jahresabschluß in Abweichung der gesetzlichen Vorschriften zu bestimmen (Niehus/Scholz, aaO Rdn. 109). **2**

Die tatsächlichen Verhältnisse haben auf die **individuelle Lage** der Gesellschaft abzustellen. Es dürfen formelle Wahlrechte hierbei ausgeübt werden, d. h. Ausweiswahlrechte und materielle Wahlrechte (hierzu Niehus/Scholz, aaO Rdn. 120 ff); insbesondere sind bestimmte Bilanzierungsgrundsätze (hierzu Rdn. 5 ff) zu beachten. **3**

**Zusätzliche Angaben** sind im Anhang (§ 284 ff) nur dann erforderlich, wenn im Falle besonderer Umstände der Jahresabschluß trotz Anwendung der Grundsätze ordnungsmäßiger Buchführung ein den tatsächlichen Verhältnissen entsprechendes Bild der Vermögens-, Finanz- und Ertragslage nicht vermitteln kann. Bei Genossenschaften müssen keine zusätzlichen Angaben im Anhang gemacht werden, wenn die Genossenschaft in angemessenem Umfang Risikovorsorge durch Bildung stiller Reserven (z. B. versteuerte Wertberichtigungen, versteuerte Globalabschläge auf den Warenbestand) betreibt (vgl. auch Ohlmeyer/Bergmann, S. 29; Jahresabschluß der Waren- und Dienstleistungsgenossenschaften Abschn. A. 5. S. 1; GGW „Erläuterungen" Teil C S. 6, 140 ff; Anlage 6 S. 9 ff). **4**

Zur Bilanzierung im einzelnen vgl. die Loseblattsammlungen für den Jahresabschluß der Kreditgenossenschaften sowie der Waren- und Dienstleistungsgenossenschaften; für Wohnungsbaugenossenschaften die vom Gesamtverband Gemeinnütziger Wohnungsunternehmen, Köln, herausgegebenen Erläuterungen zur Rechnungslegung, insbes. Teil C zum Jahresabschluß, siehe ferner neben den nachfolgenden Erläuterungen Beck'scher Bilanzkommentar, Der Jahresabschluß nach Handels- und Steuerrecht, Niehus/Scholz in Meyer-Landrut/Miller/Niehus, GmbH-Gesetz, einschließlich Rechnungslegung zum Einzel- sowie zum Konzernabschluß; Baumbach/Duden/Hopt, **5**

HGB, Erläuterungen zu §§ 264 ff, Ohlmeyer/Bergmann, Das neue genossenschaftliche Bilanzrecht; bezüglich der Bilanzierung im Falle der Verschmelzung von Genossenschaften siehe §§ 93 d Abs. 3 und 93 g sowie die dortigen Erläuterungen.

5a Die Genossenschaft hat Bilanzierungsgrundsätze, Bewertungsgrundsätze und Wertansatzvorschriften zu beachten. Im einzelnen siehe die nachstehenden Erläuterungen.

## II. Grundsätze der Bilanzierung

6 Zwar weicht die neue Generalnorm des § 264 Abs. 2 HGB von der bisherigen in § 33 b Abs. 2 GenG a. F. verwendeten Formulierung ab. **Es kann aber davon ausgegangen werden, daß bei Einhaltung der bisherigen gesetzlichen Vorschriften und der Grundsätze ordnungsmäßiger Bilanzierung auch der neuen Generalnorm entsprochen wird** (Jahresabschluß für Waren- und Dienstleistungsgenossenschaften Abschn. A. 5 S. 1).

7 Der Jahresabschluß ist klar und übersichtlich aufzustellen (**Bilanzklarheit**). Der Bilanzklarheit dienen insbesondere die Gliederungsvorschriften (§ 266 HGB). Der Grundsatz der Bilanzklarheit kann eine Abänderung oder eine Erweiterung der Gliederung der Bilanz erforderlich machen, soweit der Geschäftszweig der Genossenschaft eine abweichende Gliederung oder eine ausführlichere Gliederung bedingt (§ 265 Abs. 4 HGB). Die abweichende Gliederung muß gleichwertig sein und darf die Klarheit nicht beeinträchtigen. Soweit Formblätter vorgeschrieben sind, gelten diese (vgl. hierzu sowie zum Vorstehenden Erläuterungen zu § 265 Abs. 4 HGB).

8 Der Grundsatz der **Bilanzvollständigkeit** besagt, daß alle bilanzierungsfähigen Vermögensgegenstände und Schulden in den betreffenden Bilanzposten zusammengefaßt wenigstens mit einem Merkposten erscheinen müssen. Es ist nicht der rechtliche Eigentumsbegriff, sondern die wirtschaftliche Zugehörigkeit für die Bilanzierungspflicht entscheidend (Adler/Dürig/Schmaltz, AktG, § 149 Rdn. 31 ff; Kropff in Geßler/Hefermehl/Eckardt/Kropff, AktG, § 149 Rdn. 51 ff). So sind Sicherungsübereignungen und Sicherungsabtretungen beim wirtschaftlichen Eigentümer bzw. Inhaber (Kreditnehmer) zu bilanzieren. Unter Eigentumsvorbehalt gelieferte Gegenstände hat der Käufer unter gleichzeitiger Passivierung der noch offenen Kaufpreisschuld zu aktivieren; der Verkäufer aktiviert den offenen Kaufpreis (vgl. Adler/Düring/Schmaltz, AktG, § 149 Rdn. 32). Zur Bilanzierung generell, insbesondere von schwebenden, beiderseits noch nicht erfüllten Verträgen, Miet- und Pachtverträgen, Leasingverträgen vgl. ausführlich WP-Handbuch 1985/86 Band II S. 146 ff).

9 Die **Bilanzidentität** (auch Bilanzzusammenhang) betrifft die formelle und materielle **Bilanzkontinuität,** d. h., die Schlußbilanz des einen Geschäftsjahres

muß mit der Eröffnungsbilanz des folgenden Geschäftsjahres übereinstimmen (vgl. § 252 Abs. 1 Nr. 1 HGB; vgl. hierzu auch § 4 Abs. 1 EStG); nur dies entspricht den Grundsätzen ordnungsmäßiger Buchführung (vgl. ausführlich Adler/Düring/Schmaltz, AktG, § 149 Rdn. 28). Dies bedeutet, daß grundsätzlich der für einen Vermögensgegenstand festgesetzte Wert in einem neuen Jahresabschluß nur verändert werden darf, wenn dies sachliche Gründe gebieten, insbesondere wenn dies durch einen entsprechenden wirtschaftlichen Vorgang, wozu auch die Abnutzung gehört, begründet ist (Wertstetigkeit, Müller, § 33 b Rdn. 22). Formelle Bilanzkontinuität im weiteren Sinne meint die Beibehaltung der gleichen Gliederungsgrundsätze im nächsten Geschäftsjahr. Die materielle Bilanzkontinuität meint die Beibehaltung gleicher Bewertungsgrundsätze für aufeinanderfolgende Bilanzen. Eine Verpflichtung zur Beibehaltung der materiellen Bilanzkontinuität besteht nicht, sofern nur die gesetzlichen Bewertungsvorschriften eingehalten werden (Adler/Düring/Schmaltz, AktG, § 149 Rdn. 29; WP-Handbuch 1981 S. 650; einschränkend Müller, § 33 b Rdn. 23). Erforderlich ist jedoch bei Änderung der Bewertungsgrundsätze im Interesse der Vergleichbarkeit eine entsprechende Erläuterung im Geschäftsbericht.

## III. Grundsätze der Bewertung

Neben den Bilanzierungsgrundsätzen sind die allgemeinen **Bewertungsgrundsätze** zu berücksichtigen, die in § 252 HGB für alle Kaufleute festgelegt sind. Ein Abweichen von diesen Grundsätzen ist nur in begründeten Ausnahmefällen zulässig (§ 252 Abs. 2 HGB). Hierüber ist im Anhang zu berichten (§ 284 Abs. 2 Nr. 3 HGB). Im einzelnen: **10**

Der Grundsatz der **Bilanzkontinuität** (hierzu auch Rdn. 9) besagt, daß die Wertansätze in der Eröffnungsbilanz des neuen Geschäftsjahres mit den Wertansätzen in der Schlußbilanz des vorhergehenden Geschäftsjahres übereinstimmen müssen (**§ 252 Abs. 1 Nr. 1 HGB**). **11**

Höhere oder niedrigere Wertansätze im alten Jahr wirken sich entgegengesetzt im neuen Jahr aus. So führt eine höhere Abschreibung in den ersten Jahren dazu, daß in den übrigen Jahren nur noch geringere Abschreibungen möglich sind.

Bei der Bewertung ist von der **Fortführung** der Unternehmenstätigkeit auszugehen, sofern dem nicht tatsächliche oder rechtliche Gegebenheiten entgegenstehen (**§ 252 Abs. 1 Nr. 2 HGB**). Es sind folglich keine Liquidationswerte anzusetzen, sondern grundsätzlich ist von den Anschaffungs- oder Herstellungskosten (zum Begriff vgl. § 255 HGB) auszugehen. Dies gilt auch bei kritischer Unternehmenslage. Nur wenn die Fortführungsprognose aus tatsächlichen oder rechtlichen Gründen für die gesamte Unternehmenstätigkeit oder für Teilbereiche negativ ist, sind Liquidationswerte anzusetzen. Anhaltspunkte für die Bewertung zu Liquidationswerten könnten z. B. sein: **12** anhaltende Ertragslosigkeit, Überschuldung, drohende Illiquidität, nicht ausnutzbare technische Kapazitäten (Jahresabschluß der Waren- und Dienstleistungsgenossenschaften Abschn. A. 5. S. 3). Die Prognose muß zumindest das Jahr nach dem Bilanzstichtag abdecken (Baumbach/Duden/Hopt, HGB, § 252 Anm. 3).

**13** Zum Abschlußstichtag sind die Vermögensgegenstände und Schulden **einzeln zu bewerten (§ 252 Abs. 1 Nr. 3 HGB).** Dadurch soll verhindert werden, daß Wertminderungen und Werterhöhungen gegeneinander aufgerechnet werden (zu den Wertansätzen vgl. Rdn. 21 ff). Zulässige Ausnahmen sind die **Festbewertung** (§ 240 Abs. 3 HGB), die **Gruppen-** oder **Sammelbewertung** (§ 240 Abs. 4) und **GoB-mäßige Bewertungsvereinfachungsverfahren** wie Durchschnittsbewertung, fifo, lifo u. a. (§ 256 HGB). Einzelne Ausnahmen gibt es auch bei den Rückstellungen, z. B. für Garantieverpflichtungen, die in der Regel nach Erfahrungswerten gebildet werden (Jahresabschluß der Waren- und Dienstleistungsgenossenschaften Abschn. A 5 S. 3).

**14** Für die Bewertung gilt das **Stichtagsprinzip (§ 252 Abs. 1 Nr. 3 HGB)** d. h., Veränderungen nach dem Bilanzstichtag bis zur Bilanzaufstellung dürfen nicht mehr, soweit sie wertbeeinflussende Tatsachen sind, berücksichtigt werden. Dagegen können und müssen im Rahmen der GoB in der Zwischenzeit gewonnene Erkenntnisse über den Wert am Bilanzstichtag berücksichtigt werden (**Wertaufhellung;** BGH, NJW 1973, 511; Jahresabschluß der Waren- und Dienstleistungsgenossenschaften Abschn. A 5 S. 3).

**15** Der Grundsatz der **Vorsicht (§ 252 Abs. 1 Nr. 4 HGB),** der insbesondere bei der Bewertung Anwendung finden muß, hat in verschiedenen Ansatz- und Bewertungsvorschriften seinen Niederschlag gefunden. Dort, wo hinsichtlich der Bewertung ein Ermessensspielraum besteht, ist dieser unter Berücksichtigung der GoB und der Sorgfalt eines ordentlichen und gewissenhaften Geschäftsleiters einer Genossenschaft (Förderauftrag!) in angemessen enger Form auszunutzen. Jedoch ist nicht jede beliebige Unterbewertung zulässig. Auch stille Reserven dürfen nicht willkürlich gebildet werden, sondern müssen sich im Rahmen vernünftiger kaufmännischer Grundsätze bewegen (hierzu Rdn. 22, 23, 48, 49). In jedem Fall haben die Grundsätze der Bilanzklarheit, der Bilanzwahrheit und der Bilanzvollständigkeit Vorrang vor dem Grundsatz der Vorsicht.

**16** Nach dem **Realisationsprinzip (§ 252 Abs. 1 Nr. 4 letzter Halbsatz HGB)** dürfen Gewinne nur berücksichtigt werden, wenn sie am Abschlußstichtag realisiert worden sind. Voraussetzung hierfür ist in aller Regel ein Umsatzvorgang. Es gelten die bisherigen Grundsätze ordnungsmäßiger Buchführung unverändert (zum Realisationsprinzip vgl. im einzelnen Jahresabschluß der Waren- und Dienstleistungsgenossenschaften Abschn. A 5 S. 4, 5). Aus diesem Prinzip folgt das Anschaffungswertprinzip (zu den Grundsätzen der Bewertung beim Anlage- und Umlaufvermögen vgl. Rdn. 39 ff).

Aufgrund des **Imparitätsprinzips** sind alle vorhersehbaren Risiken und Verluste, die bis zum Abschlußstichtag entstanden sind, zu berücksichtigen, selbst wenn diese erst zwischen dem Abschlußstichtag und dem Tag der Aufstellung des Abschlusses bekannt geworden sind. Im Unterschied zum Realisationsprinzip (Rdn. 16) sind Risiken und Verluste zu berücksichtigen, auch wenn sie noch nicht realisiert sind. Noch nicht realisierte Verluste sind in der Bilanz vorwegzunehmen (vgl. im einzelnen Baumbach/Duden/Hopt, § 252 Anm. 5 B). **17**

Ausfluß des Imparitätsprinzips ist das gemilderte Niederstwertprinzip beim Anlagevermögen (§ 253 Abs. 2 HGB), das strenge Niederstwertprinzip beim Umlaufvermögen (§ 253 Abs. 3 HGB), das Höchstwertprinzip bei den Verbindlichkeiten.

Aufgrund und im Rahmen des Imparitätsprinzips kann es zum Ansatz von Aktiven zu einem niedrigeren Wert bzw. zum Ansatz von Passiven zu einem höheren Wert als nach Gesetz oder GoB vorgesehen kommen. Die sich daraus ergebenden Reserven sind keine stillen Reserven im eigentlichen Sinne und ohne weiteres — auch über § 253 Abs. 4 HGB hinaus — zulässig (vgl. hierzu Rdn. 48 ff).

Der Grundsatz der **Periodenabgrenzung (§ 252 Abs. 1 Nr. 5 HGB)** besagt, **18**
daß Aufwendungen und Erträge des Geschäftsjahres unabhängig von den Zeitpunkten der entsprechenden Zahlungen im Jahresabschluß zu berücksichtigen sind. Ein Gewinn bzw. Ertrag darf erst ausgewiesen werden, wenn er durch Umsatz (entgeltlich, am Markt) realisiert worden ist; bis dahin dürfen Vermögensgegenstände höchstens mit den Anschaffungs- oder Herstellungskosten angesetzt werden, auch wenn ihr Wert gestiegen ist (Baumbach/Duden/Hopt, HGB, § 253 Anm. 6 mit zahlreichen Beispielen).

Nach dem Prinzip der **Bewertungsstetigkeit (§ 252 Abs. 1 Nr. 6 HGB)** **19**
sollen die angewandten Bewertungsmethoden beibehalten werden (auch materielle Bilanzkontinuität genannt, vgl. Rdn. 9). Dadurch sollen die Jahresabschlüsse verschiedener Geschäftsjahre vergleichbar werden. Dieser Grundsatz muß bei Kollision mit dem Grundsatz der Vorsicht im Zweifel hinter diesem zurücktreten (Niehus/Scholz in Meyer-Landrut/Miller/Niehus, GmbHG, HGB §§ 238—335 Rdn. 172). Eine Bewertungsmethode liegt vor, wenn aufgrund zuvor festgelegter Verfahrensschritte ein Vermögensgegenstand nachprüfbar mit einem Geldwert versehen wird (vgl. Eckes, BB 1985, 1435). Zu den Bewertungsmethoden zählen die Methoden planmäßiger Abschreibung, die Methoden zur Ermittlung der Herstellungskosten von fertigen und unfertigen Erzeugnissen, die Methoden zur Bewertung gleichartiger Vorratsgegenstände (Bewertungsvereinfachungsverfahren). Ein Übergang von degressiver zur linearen Abschreibung ist weiterhin möglich, falls dies von vornherein beabsichtigt war und entsprechend dokumentiert worden ist, weil insoweit von einer (gemischten) Bewertungsmethode Gebrauch gemacht worden ist (Niehus/Scholz, aaO Rdn. 173).

Die Bilanzansatzwahlrechte (z. B. nach § 249 Abs. 2 oder nach § 269 HGB) unterliegen nicht dem Prinzip der Bewertungsstetigkeit (umstritten; wie hier Niehus/Scholz, aaO Rdn. 174).

Vermögensgegenstände und Schulden, die bereits im Vorjahr körperlich vorhanden waren, unterliegen hingegen diesem Prinzip.

Umstritten ist, ob das Prinzip auch für noch nicht im Vorjahr vorhandene Vermögensgegenstände gilt. Niehaus/Scholz (aaO Rdn. 174) unterscheiden wie folgt: Bestehen keine allgemeinen Buchungs- und Bilanzierungsanweisungen darüber, wie neu hinzugekommene Gegenstände, die bereits bilanzierten Gegenstände in ihrer Funktion oder Art ähneln, zu bewerten sind, so sollten sie nicht dem Prinzip der Bewertungsstetigkeit unterstellt werden. Dies rechtfertigt sich daraus, daß sie noch nicht im Vorjahr — auch nicht unmittelbar — bewertet worden sind. Die Bilanzierung dieser Gegenstände darf jedoch nicht willkürlich erfolgen, was sich bereits aus § 264 Abs. 2 HGB ergibt. Existieren hingegen entsprechende Bilanzierungsanweisungen, sind diese zu beachten.

Ungleichartige Vermögensgegenstände unterliegen nicht dem Prinzip der Bewertungsstetigkeit. Auch keine Anwendung bei Vermögensgegenständen, die nicht jährlich, sondern in unregelmäßigen Zeitabständen zu bewerten sind (Beispiele: Bau neuer Anlagen, Errichtung von Betriebsstätten, Eckes, BB 1985, 1442).

Das Prinzip der Bewertungsstetigkeit ist im übrigen zwingend mit der Grenze des § 252 Abs. 2 HGB (Rdn. 20).

**20** Ein **Abweichen** von diesen Bewertungsgrundsätzen ist nur in begründeten Ausnahmefällen zulässig (§ 252 Abs. 2). Hierüber ist im Anhang zu berichten (§ 284 Abs. 2 Nr. 3).

## IV. Wertansätze (§ 253 HGB)

**21** Nach § 253 HGB sind für die Vermögensgegenstände und Schulden bestimmte Wertansätze zu berücksichtigen. Diese Vorschrift dient insbesondere dem **Gläubigerschutz.** Es soll verhindert werden, daß in den Bilanzen Werte ausgewiesen werden, die den Anschein einer günstigeren Vermögenslage erwecken, als sie tatsächlich gegeben ist. § 253 HGB (teilweise in § 33c GenG a. F. enthalten) stellt deshalb Höchstwerte für die Bewertung der Aktiven und Mindestwerte für den Ansatz der Passiven auf; diese Regelung ist zwingendes Recht. Ein Verstoß dagegen macht die Bilanz grundsätzlich nichtig, es sei denn, es handelt sich um einen nur unwesentlichen Verstoß, z. B. um einen Verstoß gegen die Bewertungsvorschriften, soweit sie die Bewertung nach oben begrenzen.

**22** § 253 HGB legt nur Höchstwerte fest, die nicht über-, aber unterschritten werden dürfen. Eine niedrigere Bewertung ist im Rahmen des § 252 (vgl. Rdn. 10ff) möglich, d. h., **stille Reserven** können im Rahmen vernünftiger kaufmännischer Grundsätze gebildet werden (Rdn. 15, 48, 49). Dies wird jetzt ausdrücklich durch § 253 HGB, der als Vorschrift des 1. Abschnitts auch für Genossenschaften gilt, klargestellt. Die Bildung stiller Reserven darf jedoch nicht willkürlich erfolgen. Auch darf der Förderauftrag nicht beeinträchtigt werden (zum Vorstehenden vgl. RG, BlfG 1936, 946; RGZ 156, 52 = BlfG 1937, 789; Schubert/Steder, § 33 c Rz. 2). Unstatthaft ist dagegen die Bildung stiller Reserven durch Nichtaufnahme vorhandener Vermögenswerte (RGZ 131, 192) oder durch Aufnahme nicht vorhandener Verbindlichkeiten (vgl. RGStr. 62, 358).

Für die **Auflösung** der stillen Reserven ist eine besondere Genehmigung seitens der Generalversammlung nicht erforderlich; allerdings muß unter Umständen die Auflösung im Anhang erwähnt werden. **23**

Bei allen Wertansätzen handelt es sich um die kaufmännische **Handelsbilanz** und nicht um die **Steuerbilanz**. Grundsätzlich wird aber die Steuerbilanz auf der Handelsbilanz aufbauen. Sie kann jedoch schon deshalb anders aussehen, weil sie unter dem Prinzip der Mindestbewertung steht; während die unter Berücksichtigung des § 253 HGB aufgestellte Bilanz kaufmännischen Grundsätzen entsprechend aus Vorsichts- und Vorsorgegründen einen zu hohen Wertansatz vermeiden will, verlangt der Steuergesetzgeber Wertansatz i. S. von § 6 EStG (RGStr 61, 277). Dies gilt für Anlage- wie für Umlaufvermögen. Dies ist insbesondere in der Steuerbilanz von Bedeutung für Wirtschaftsgüter des Anlagevermögens wegen der besonderen Bedeutung dieser Güter für die Genossenschaft. Zwar werden auch hier die Anschaffungs- oder Herstellungskosten angesetzt. Hinsichtlich der Absetzungen ist jedoch zu unterscheiden: Handelt es sich um abnutzbare Wirtschaftsgüter, dürfen Abschreibungen nur in dem Umfang erfolgen, wie er von §§ 7, 7 a—7 e EStG festgesetzt wird. Handelt es sich um nichtabnutzbare Wirtschaftsgüter (z. B. unbebaute Grundstücke), sind Abschreibungen nur möglich, sofern im Einzelfall ein niedrigerer Teilwert nachgewiesen werden kann. Bei Abweichungen von diesen Grundsätzen ist entweder eine besondere Steuerbilanz aufzustellen oder es sind außerhalb der Handelsbilanz entsprechende Bewertungsänderungen zu erfassen. Im allgemeinen jedoch dürften die steuerlichen Ansätze in die Handelsbilanz übernommen werden. **24**

### 1. Bewertung der Vermögensgegenstände (Abs. 1 Satz 1)

§ 253 unterscheidet zwischen **25**

— Wertansatz der Vermögensgegenstände (Abs. 1 Satz 1)
— Wertansatz der Verbindlichkeiten (Abs. 1 Satz 2)

Im übrigen werden geregelt

— Abschreibungen beim Anlagevermögen (Abs. 2)
— Abschreibungen beim Umlaufvermögen (Abs. 3)
— Abschreibungen nach vernünftiger kaufmännischer Beurteilung (Abs. 4), stille Reserven
— Beibehaltungswahlrecht (Abs. 5), Zuschreibungen.

26 **Vermögensgegenstände** gemäß § 253 Abs. 1 Satz 1 sind höchstens mit den Anschaffungs- oder Herstellungskosten (hierzu Rdn. 27ff), vermindert um Abschreibungen nach Abs. 2 und Abs. 3, anzusetzen, da grundsätzlich der Wert anzusetzen ist, der den Vermögensgegenständen am Bilanzstichtag beizumessen ist. Damit ist vom Kostenwertprinzip auszugehen, das durch das Niederstwertprinzip korrigiert wird. Weder ein höherer Wiederbeschaffungspreis noch ein höherer möglicher Verkaufserlös rechtfertigen höhere Bewertungen. Die Wertansätze haben unter Berücksichtigung der Bewertungsgrundsätze (hierzu Rdn. 10ff) zu erfolgen. Niedrigere Wertansätze zur Bildung stiller Reserven (hierzu Rdn. 22, 48 ff) sind nur im Rahmen vernünftiger kaufmännischer Beurteilung zulässig.

27 **Anschaffungskosten** sind alle Kosten, die aufgewandt wurden, um den Anlagegegenstand zu beschaffen und in betriebsbereiten Zustand zu versetzen, soweit sie dem Vermögensgegenstand einzeln zugeordnet werden können (§ 255 Abs. 1 Satz 1). Hierzu zählen der Kaufpreis sowie gemäß § 255 Abs. 1 Satz 2 sämtliche Nebenkosten (Provisionen, Versicherungen, Steuern, Transportkosten, Montagekosten; bei Grundstücken die Grunderwerbsteuer, Notariats- und Grundbuchgebühren sowie Maklergebühren). Abzuziehen sind Kaufpreisminderungen (§ 255 Abs. 1 Satz 3), z. B. Skonti, Rabatte und andere Preisnachlässe, Subventionen und Zuschüsse Dritter mit Ausnahme der Zuschüsse, die bei späteren Zahlungen verrechnet werden, wie z. B. Bauzuschüsse auf die Miete (Müller, § 33c Rdn. 4). Z. B. bei der Verrechnung von Bauzuschüssen mit späteren Mietzahlungen handelt es sich um Verpflichtungen der Genossenschaft (erhaltene Anzahlungen), die zu passivieren sind; steuerlich ist nach EStR Abschn. 34 Abs. 5 der Abschn. 163 Abs. 5 sinngemäß anzuwenden (BGH, BStBl. 1971, 51; BFH, BStBl. II 1973, 305; WP-Handbuch 1981 S. 669).

28 Zu den Anschaffungskosten rechnet nicht die Umsatzsteuer. Eine umsatzsteuerrechtlich nicht abziehbare **Vorsteuer** (§ 15 Abs. 2 UStG) ist jedoch hinzuzurechnen; in der Handelsbilanz kann aber auch der steuerrechtlichen Behandlung (§ 9b EStG) gefolgt werden: bei Vorsteuerbeträgen, die umsatzsteuerrechtlich zum Teil abziehbar und zum Teil nicht abziehbar sind, braucht der nicht abziehbare Teil nicht den Anschaffungs- oder Herstellungskosten zugerechnet zu werden, wenn er 25 % des Vorsteuerbetrags und DM 500 nicht übersteigt, oder wenn die zum Ausschluß vom Vorsteuerabzug führenden Umsätze nicht mehr als 3 % des Gesamtumsatzes betragen; diese Vereinfachungsregelung findet keine Anwendung auf Vermögensgegenstände, bei denen der Vorsteuerabzug umsatzsteuerrechtlich insgesamt nicht abziehbar ist (zum Vorstehenden WP-Handbuch 1981 S. 668; wegen weiterer Einzelheiten vgl. Abschn. 86 EStR).

29 Gegenstände, die durch **Tausch** erworben wurden, sind mit dem nach den Regeln ordnungsmäßiger Bilanzierung ermittelten Buchwert oder ggfs. auch

mit dem vorsichtig geschätzten Zeitwert anzusetzen (WP-Handbuch 1981 S. 656). In der Praxis ist die erstgenannte Möglichkeit üblich; steuerlich sind jedoch etwaige stille Reserven aufzulösen, es sei denn, es handelt sich um Gegenstände, die nach Art, Wert und Funktion gleich sind. Wegen weiterer in Betracht kommender Werte vgl. Adler/Düring/Schmaltz, § 255 HGB Rdn. 102 ff.

Bei **unentgeltlichem Erwerb** von Anlagegegenständen ist die Aktivierung **30** höchstens zum Zeitwert zulässig. Im Hinblick auf die steuerliche Angabenpflicht sollte auch in der Handelsbilanz stets aktiviert werden (vgl. hierzu Müller, § 33 c Rdn. 6, der die Aktivierung unter Berufung auf den Grundsatz der Vollständigkeit der Bilanz und auch einen Wertansatz nach den Grundsätzen ordnungsmäßiger Bilanzierung fordert; a. A. Kropff in Geßler/Hefermehl/Eckardt/Kropff, AktG, § 153 Rdn. 18; WP-Handbuch 1981 S. 670; Adler/Düring/Schmaltz, § 255 HGB Rdn. 95—101; vermittelnd Ellenberger, WPg 1971, 276, der einen mit DM 1 ausgewiesenen Merkposten für ausreichend hält.

Werden Vermögensgegenstände im Rahmen der **Zwangsversteigerung** erworben, **31** kann als Anschaffungspreis nicht nur das gezahlte Höchstgebot angesetzt werden, sondern auch noch die eigene in der Zwangsvollstreckung geltend gemachte Forderung soweit hinzugerechnet werden, wie diese ausgefallen und mit ihrer Erfüllung durch den Vollstreckungsschuldner nicht mehr zu rechnen ist (Adler/Düring/Schmaltz, § 255 HGB Rdn. 84, 85). Das Grundstück darf jedoch keinesfalls über dem Verkehrswert bewertet werden (WP-Handbuch 1981 S. 690).

**Herstellungskosten** (siehe die Definition des § 255 Abs. 2 HGB; sie entspricht **32** der bisherigen Praxis; hinsichtlich kleinerer Abweichungen siehe IdW, WPg 1984, 134) sind die unmittelbar oder mittelbar auf die Herstellung verwendeten Kosten. Anteilige Betriebs- und Verwaltungskosten können eingerechnet werden. Hierzu zählen die

— Fertigungsstoffe (Roh-, Hilfs- und Betriebsstoffe); grundsätzlich werden die ursprünglichen Beschaffungskosten angesetzt;
— Materialgemeinkosten, d. h. Kosten für Einkauf, Lagerung und Verwaltung des Materials sowie für die Prüfung des Materials und der Rechnungen (hierzu Müller, § 33 c Rdn. 15)
— Fertigungslöhne und Fertigungsgemeinkosten, das sind Löhne und Gehälter einschließlich der gesetzlichen, tariflichen und freiwilligen Lohnnebenkosten für die Herstellung der Anlagegegenstände, sowie die Kosten, die nicht unmittelbar den Materialkosten, Fertigungslöhnen und Sonderkosten zugerechnet, andererseits aber auch nicht unter die Verwaltungs- oder Vertriebskosten fallen (vgl. im einzelnen Müller, § 33 c Rdn. 16).
— Sondereinzel- und Sondergemeinkosten, das sind die Kosten für Fertigungsmodelle, Spezialwerkzeuge etc.

— Betriebs- und Verwaltungskosten zu einem angemessenen Anteil; Betriebskosten sind u. a. Kosten für die Unfallverhütung, für die Sicherung der Betriebsbereitschaft, für die Personalwerbung; Verwaltungskosten sind die Kosten für das Personalbüro, die Rechtsabteilung, für die Buchführung, Statistik, Kostenrechnung und Kalkulation, für das Ausbildungswesen).

Bei der Berechnung der Herstellungskosten dürfen **Abschreibungen** (z. B. für den Verschleiß der Produktionsmittel sowie für wirtschaftliche Wertminderung infolge Veraltung) in angemessenem Umfang vorgenommen werden; andererseits dürfen Vertriebskosten nicht berücksichtigt werden, da diese sich auf die Veräußerung der hergestellten Vermögensgegenstände beziehen.

**33** Vertriebskosten dürfen nicht in die Herstellungskosten einbezogen werden. Zu den Herstellungskosten zählen jedoch die Sondereinzelkosten des Vertriebs, z. B. Fracht, Transportversicherung, Provisionen (betr. wie hier Baumbach/Duden/Hopt, HGB § 255 Anm. 2 D; siehe auch WP-Handbuch 1985 I S. 603).

**34** Zu den **Abschreibungen** vgl. Rdn. 40 ff.

**34 a** **Zuschreibungen** sind grundsätzlich nur zur Korrektur überhöhter Abschreibungen zulässig. Durch Zuschreibungen darf eine Zeitwerterhöhung nicht berücksichtigt werden, die sich durch Veränderungen der Marktpreise ergibt. Zuschreibungen sind dann zulässig, wenn die vorherigen überhöhten Abschreibungen im Verhältnis zur tasächlichen Wertminderung der Anlagegegenstände sich nachträglich als ungerechtfertigt herausstellen. Eine Verpflichtung, überhöhte Abschreibungen durch Zuschreibungen auszugleichen, besteht nicht (Beibehaltungsgrundsatz). Die Zuschreibungen dürfen nur bis höchstens zum Anschaffungs- bzw. Herstellungswert abzüglich der normalen Abschreibungen erfolgen, bei Wertpapieren bis zum Kurswert. Zuschreibungen sollten auf Ausnahmen (z. B. Angleichung der Handelsbilanz an Steuerbilanz oder im Rahmen einer Sanierung) beschränkt werden. Ihr Erlös darf nicht zu Gewinnausschüttungen Verwendung finden. Im Anhang sind die Zuschreibungen dann zu erwähnen, zumal eine Bewertungsänderung eintritt, wenn andernfalls ein verzerrtes Bild von der Vermögens- oder der Ertragslage der Genossenschaft entsteht.

### 2. Wertansatz der Verbindlichkeiten (Abs. 1 Satz 2)

**35** Verbindlichkeiten sind zu ihrem Rückzahlungsbetrag anzusetzen. Dies gilt auch für unverzinsliche Schulden und für Wechselverbindlichkeiten, obwohl die Wechselsumme auch die Schuldzinsen enthalten kann, grundsätzlich auch für bestrittene Verbindlichkeiten (hier jedoch Berücksichtigung des Imparitätsprinzips). Für ein Disagio oder Damnum besteht nach § 250 Abs. 3 ein Aktivierungswahlrecht.

**36** Andererseits sind **schwebende** Verträge häufig nicht zu passivieren (siehe zum Realisationsprinzip des § 252 Abs. 1 Nr. 5 HGB: Rdn. 18).

**Rentenverpflichtungen,** für die eine Gegenleistung nicht mehr zu erwarten ist, sind zum Barwert anzusetzen. 37

**Rückstellungen** sind nur in Höhe des Betrags anzusetzen, der nach vernünftiger kaufmännischer Beurteilung unter Berücksichtigung des Prinzips der Vorsicht (hierzu Rdn. 15) zu erwarten ist. (Zu den Rückstellungen ausführlicher vgl. § 266 Rdn. 51 ff.) 38

### 3. Abschreibungen beim Anlagevermögen

Zum **Anlagevermögen** zählen die Vermögensgegenstände, die dauernd zum Geschäftsbetrieb der Genossenschaft bestimmt sind. Zum Anlagevermögen (Rdn. 45) zählen Vermögensgegenstände, deren Zweck im Verbrauch durch Bearbeitung, Verarbeitung oder Veräußerung besteht, wobei diese Zweckbestimmung zum Bilanzstichtag vorliegen muß. Zum Anlagevermögen gehören Maschinen, maschinelle Anlagen, Grundstücke, insbesondere Geschäftsgrundstücke, Betriebs- und Geschäftsinventar, Finanzanlagen (vgl. im einzelnen die Aufzählung in der Bilanzgliederung unter § 266 Abs. 2 Buchst. A). 39

Die **Abschreibungen** sind die Beträge, um die die Ausgangswerte im Jahresabschluß entsprechend der Wertminderung des Vermögensgegenstandes vermindert werden. Es sind nur noch (direkte) Abschreibungen zulässig, nicht auch Wertberichtigungen (indirekte Abschreibungen), welche die Wertminderung nicht durch Abschreibung auf der Aktivseite, sondern durch einen Gegenposten auf der Passivseite erfassen. 40

Bei **zeitlich** nur begrenzt nutzbaren Vermögensgegenständen sind nach Abs. 2 Satz 1 planmäßige Abschreibungen vorgeschrieben. Bei zeitlich begrenzter wie unbegrenzter Nutzung des Anlagevermögens können (Wahlrecht) außerplanmäßige Abschreibungen vorgenommen werden, um die Vermögensgegenstände mit dem niedrigeren Wert anzusetzen, der ihnen am Abschlußstichtag beizulegen ist. Ist die Wertminderung voraussichtlich von Dauer, so müssen außerplanmäßige Abschreibungen erfolgen. 41

Bei zeitlich begrenzter Nutzungsdauer ist die **Nutzungsdauer** zu schätzen, wobei die AfA-Tabellen eine Orientierungshilfe sind. Abzuschreiben ist auf Null, auf einen Erinnerungswert von DM 1 oder auf den Restwert, Veräußerungs-, Schrottwert (Baumbach/Duden/Hopt, HGB, § 253 Anm. 3 B). Es kommen verschiedene Abschreibungsmöglichkeiten in Betracht: Planmäßige, lineare, degressive, progressive, leistungsbezogene (vgl. im einzelnen Müller, § 33 c Rdn. 41 ff). 42

Die einmal gewählte Abschreibungsmethode darf nicht willkürlich gewechselt werden (Grundsatz der Bewertungstetigkeit, § 252 Abs. 1 Nr. 6 HGB, vgl. oben Rdn. 19). 43

44 **Geringwertige** (nicht über DM 800 netto) bewegliche Vermögensgegenstände des Anlagevermögens können im Jahr des Erwerbs ganz abgeschrieben werden.

### 4. Abschreibungen beim Umlaufvermögen

45 **Umlaufvermögen** sind in erster Linie die Werte, die zum Verbrauch oder zur Weiterveräußerung bestimmt sind, wie z. B. Warenvorräte, Roh-, Hilfs- und Betriebsstoffe, Bankguthaben, Kreditforderungen, Warenforderungen, Wechsel, Schecks und die zum Verkauf bestimmten Wertpapiere (vgl. im einzelnen die Aufzählung in der Bilanzgliederung des § 266 Abs. 2 Buchst. B). Entscheidend für die Zuordnung zum Umlaufvermögen ist die Zweckbestimmung am Bilanzstichtag.

46 Für die Bewertung des Umlaufvermögens gilt das sogenannte strenge **Niederstwertprinzip,** d. h., es ist höchstens der Anschaffungs-(Herstellungs-) Wert, der niedrigere Börsen- oder Marktpreis oder, soweit dieser nicht bekannt ist, der Zeitwert am Bilanzstichtag anzusetzen, je nachdem welcher zu diesem Zeitpunkt niedriger ist.

47 Die Anschaffungs- und Herstellungskosten sind nach den gleichen **Grundsätzen** zu bestimmen, wie bei den Anlagegegenständen. Bei Warenlagern mit wechselndem Bestand empfiehlt sich die Gruppenbewertung, für Roh-, Hilfs- und Betriebsstoffe des Vorratsvermögens kann die Möglichkeit der Festbewertung in Betracht kommen. Zu den Verbrauchsfolgenmethoden z. B. zum Fifo- und Lifo- sowie Hifo- und ähnlicher Bewertungsverfahren vgl. Jahresabschluß der Waren- und Dienstleistungsgenossenschaften, Teil B, Aktivseite B I. 1—3 S. 3, Müller, § 33c Rdn. 53f sowie Adler/Düring/Schmaltz, AktG, § 155 Rdn. 88—136; hierzu auch Baumbach/Duden/Hopt, HGB, § 253 Anm. 4; Niehus/Scholz in Meyer-Landrut/Müller/Niehus, GmbHG, Anhang zu §§ 41, 42: §§ 238—335 Rdn. 683ff).

### 5. Abschreibungen nach vernünftiger kaufmännischer Beurteilung (Abs. 4), stille Reserven

48 **Stille Reserven** (hierzu auch Rdn. 15, 22, 23) sind die positive Differenz zwischen dem am Markt erzielbaren Wert des Unternehmens und dem im Jahresabschluß angesetzten Buchwert. Sie entstehen durch Ansetzung der Aktiven zu einem niedrigeren Wert bzw. der Passiven zu einem höheren Wert als dem wahren Wert. Im Unterschied zu Unterbewertungen aufgrund gesetzlicher Vorschriften und zu den Schätzungsreserven aus Gründen der Vorsicht, des Imparitätsprinzips, handelt es sich bei stillen Reserven um die zusätzliche Differenz zwischen den nach Gesetz oder GoB vorgesehenen normalen Buchwerten und dem durch freie Unterbewertungsentscheidung des Kaufmanns weiter erniedrigten „tatsächlichen" Buchwert (Baumbach/Duden/Hopt, HGB, § 253 Anm. 5 Buchst. A). Für die Bildung und Fortführung stiller Reser-

ven müssen sachliche Gründe sprechen (zu diesen Gründen siehe Jahresabschluß der Waren- und Dienstleistungsgenossenschaften B. Aktivseite A, Vorbemerkungen Anlagevermögen S. 21).

Stille Reserven sind nur (auf der Aktivseite) durch **Abschreibungen** auf **49**
Vermögensgegenstände zulässig. Die Einstellung eines überhöhten Ansatzes oder fingierter Schulden oder ihr überhöhter Ansatz sind unzulässig. Auch ist es unzulässig, Vermögensgegenstände nicht zu aktivieren oder später wegzulassen. Rückstellungen auf der Passivseite sind nur unter den Voraussetzungen des § 249 HGB zulässig. Außerdem dürfen stille Reserven nur im Rahmen vernünftiger kaufmännischer Beurteilung vorgenommen werden, was sich nach den GoB bestimmt. Auch ist der genossenschaftliche Förderauftrag zu beachten (vgl. auch Rdn. 22). § 253 Abs. 4 erlaubt es nicht, durch heimliche Auflösung die Gläubiger gezielt irrezuführen. Deshalb ist die Auflösung u. U. im Anhang oder auch im Lagebericht zu erwähnen (Baumbach/Duden/Hopt, HGB, § 253 Anm. 5 Buchst. C).

### 6. Beibehaltungswahlrecht (Abs. 5), Zuschreibungen

Die **niedrigeren Wertansätze** dürfen beibehalten werden, auch wenn die **50**
Gründe dafür nicht mehr bestehen.

Nach Abs. 5 „darf", aber muß nicht beibehalten werden. Es dürfen Zu- **51**
schreibungen vorgenommen werden, wenn die Gründe für die Abschreibung weggefallen sind. Die Höhe der Zuschreibungen ist durch die Anschaffungs- oder Herstellungskosten, vermindert um angemessene Abschreibungen nach Abs. 2 und Abs. 3, begrenzt.

### 7. Wertansatz für den Geschäfts- oder Firmenwert (§ 255 Abs. 4 HGB)

Als Geschäfts- oder Firmenwert darf der **Unterschiedsbetrag** angesetzt **52**
werden, um den die für die Übernahme eines Unternehmens bewirkte Gegenleistung den Wert der einzelnen Vermögensgegenstände des Unternehmens abzüglich der Schulden im Zeitpunkt der Übernahme übersteigt. Der Betrag ist in jedem folgenden Geschäftsjahr zu mindestens einem Viertel durch Abschreibungen zu tilgen. Die Abschreibung des Geschäfts- oder Firmenwerts kann aber auch planmäßig auf die Geschäftsjahre verteilt werden, in denen er voraussichtlich genutzt wird.

Wie bisher besteht für den originären Geschäfts- oder Firmenwert ein **53**
Aktivierungsverbot, es darf nur der entgeltlich **erworbene** Geschäfts- oder Firmenwert aktiviert werden. Es besteht ein Aktivierungswahlrecht und keine Aktivierungspflicht. Statt des Verkehrswerts der einzelnen Vermögensgegenstände darf der vom Erwerber fortgeführte Buchwert angesetzt werden (Geßler/Hefermehl/Eckardt/Kropff, AktG, § 153 Rdn. 67).

### § 265 HGB

### Allgemeine Grundsätze für die Gliederung

(1) Die Form der Darstellung, insbesondere die Gliederung der aufeinanderfolgenden Bilanzen und Gewinn- und Verlustrechnungen, ist beizubehalten, soweit nicht in Ausnahmefällen wegen besonderer Umstände Abweichungen erforderlich sind. Die Abweichungen sind im Anhang anzugeben und zu begründen.

(2) In der Bilanz sowie in der Gewinn- und Verlustrechnung ist zu jedem Posten der entsprechende Betrag des vorhergehenden Geschäftsjahrs anzugeben. Sind die Beträge nicht vergleichbar, so ist dies im Anhang anzugeben und zu erläutern. Wird der Vorjahresbetrag angepaßt, so ist auch dies im Anhang anzugeben und zu erläutern.

(3) Fällt ein Vermögensgegenstand oder eine Schuld unter mehrere Posten der Bilanz, so ist die Mitzugehörigkeit zu anderen Posten bei dem Posten, unter dem der Ausweis erfolgt ist, zu vermerken oder im Anhang anzugeben, wenn dies zur Aufstellung eines klaren und übersichtlichen Jahresabschlusses erforderlich ist. Eigene Anteile dürfen unabhängig von ihrer Zweckbestimmung nur unter dem dafür vorgesehenen Posten im Umlaufvermögen ausgewiesen werden.

(4) Sind mehrere Geschäftszweige vorhanden und bedingt dies die Gliederung des Jahresabschlusses nach verschiedenen Gliederungsvorschriften, so ist der Jahresabschluß nach der für einen Geschäftszweig vorgeschriebenen Gliederung zu ergänzen. Die Ergänzung ist im Anhang anzugeben und zu begründen.

(5) Eine weitere Untergliederung der Posten ist zulässig; dabei ist jedoch die vorgeschriebene Gliederung zu beachten. Neue Posten dürfen hinzugefügt werden, wenn ihr Inhalt nicht von einem vorgeschriebenen Posten gedeckt wird.

(6) Gliederung und Bezeichnung der mit arabischen Zahlen versehenen Posten der Bilanz und der Gewinn- und Verlustrechnung sind zu ändern, wenn dies wegen Besonderheiten der Kapitalgesellschaft zur Aufstellung eines klaren und übersichtlichen Jahresabschlusses erforderlich ist.

(7) Die mit arabischen Zahlen versehenen Posten der Bilanz und der Gewinn- und Verlustrechnung können, wenn nicht besondere Formblätter vorgeschrieben sind, zusammengefaßt ausgewiesen werden, wenn

1. sie einen Betrag enthalten, der für die Vermittlung eines den tatsächlichen Verhältnissen entsprechenden Bildes im Sinne des § 264 Abs. 2 nicht erheblich ist, oder
2. dadurch die Klarheit der Darstellung vergrößert wird; in diesem Falle müssen die zusammengefaßten Posten jedoch im Anhang gesondert ausgewiesen werden.

(8) Ein Posten der Bilanz oder der Gewinn- und Verlustrechnung, der keinen Betrag ausweist, braucht nicht aufgeführt zu werden, es sei denn, daß im vorhergehenden Geschäftsjahr unter diesem Posten ein Betrag ausgewiesen wurde.

**1** Abs. 1 stellt den Grundsatz der **formellen Bilanzkontinuität** (hierzu auch § 264 Rdn. 9, 11) auf. Abweichungen sind nur ausnahmsweise bei Vorliegen besonderer Umstände (z. B. Produktionsänderungen) zulässig. Die Abweichungen sind in jedem Fall im Anhang anzugeben und zu begründen.

**2** Nach Abs. 2 sind zu jedem Posten im Interesse der Bilanzidentität und Bilanzkontinuität die entsprechenden **Vorjahreszahlen** anzugeben.

**3** Bei **Zugehörigkeit** eines Vermögensgegenstandes oder einer Schuld ist dort auszuweisen, wo die Zugehörigkeit am engsten ist. Es ist dort jedoch die

**Mitzugehörigkeit** zu anderen Posten zu vermerken, wenn dies zur Aufstellung eines klaren und übersichtlichen Jahresabschlusses erforderlich ist (Abs. 3). Alternativ hierzu kann die Mitzugehörigkeit im **Anhang** angegeben werden. Insofern besteht ein Wahlrecht, dessen Ausübung sich zu orientieren hat an dem Grundsatz eines klaren und übersichtlichen Jahresabschlusses. Ist die Mitzugehörigkeit gleich eng, besteht ein Wahlrecht, wo ausgewiesen wird.

Betreibt die Genossenschaft **mehrere Geschäftszweige,** für die verschiedene Gliederungsvorschriften gelten, so ist nach der Gliederung aufzustellen, die den tatsächlichen Verhältnissen am ehesten entspricht (Abs. 4). Sodann erfolgt eine Ergänzung nach Maßgabe der für die anderen Geschäftszweige vorgeschriebenen Gliederung. Diese Ergänzung ist ebenfalls im **Anhang** anzugeben und zu begründen. **4**

Die Bilanzgliederung ist eine **Mindestgliederung.** Eine Erweiterung der Bilanzgliederung ist ohne Einschränkung zulässig, wenn dies der Bilanzklarheit dient (Abs. 5). Es dürfen jedoch nur dann neue Posten hinzugefügt werden, wenn diese nicht bereits von einem gesetzlich vorgeschriebenen Posten abgedeckt sind. Bei teilweiser Abdeckung kann ein neuer Posten eingesetzt werden; es muß dann die Mitzugehörigkeit gemäß Abs. 3 in der Bilanz oder im Anhang (Rdn. 3) vermerkt werden. **5**

Nach Abs. 6 sind Gliederung und Bezeichnung der Bilanz und der Gewinn- und Verlustrechnung zu ändern, wenn unter Berücksichtigung der Besonderheit der Genossenschaft dies zwecks Aufstellung eines klaren und übersichtlichen Jahresabschlusses erforderlich ist. **6**

Nach Abs. 7 können bestimmte Posten der Bilanz und der Gewinn- und Verlustrechnung zusammengefaßt werden. Dies gilt jedoch nicht, wenn besondere Formblätter vorgeschrieben sind, wie zum Beispiel für Kreditgenossenschaften (hierzu § 330 HGB). Wohnungsgenossenschaften dürfen § 265 Abs. 7 Nr. 1 HGB anwenden (Formblatt-VO § 2 Abs. 1 i. d. F. v. 6. 3. 1987). **7**

Nach Abs. 8 ist eine Fehlanzeige bei einzelnen Bilanzposten nur erforderlich, wenn im vorhergehenden Geschäftsjahr unter diesem Posten ein Betrag ausgewiesen wurde. Dies entspricht dem Gedanken des Abs. 2. **8**

## § 266 HGB

### Gliederung der Bilanz

**(1) Die Bilanz ist in Kontoform aufzustellen. Dabei haben große und mittelgroße Kapitalgesellschaften (§ 267 Abs. 3, 2) auf der Aktivseite die in Absatz 2 und auf der Passivseite die in Absatz 3 bezeichneten Posten gesondert und in der vorgeschriebenen Reihenfolge auszuweisen. Kleine Kapitalgesellschaften (§ 267 Abs. 1) brauchen nur eine verkürzte Bilanz aufzustellen, in die nur die in den Absätzen 2 und 3 mit Buchstaben und römischen Zahlen bezeichneten Posten gesondert und in der vorgeschriebenen Reihenfolge aufgenommen werden.**

**(2) Aktivseite**

A. Anlagevermögen:
   I. Immaterielle Vermögensgegenstände:
      1. Konzessionen, gewerbliche Schutzrechte und ähnliche Rechte und Werte sowie Lizenzen an solchen Rechten und Werten;
      2. Geschäfts- oder Firmenwert;
      3. geleistete Anzahlungen;
   II. Sachanlagen:
      1. Grundstücke, grundstücksgleiche Rechte und Bauten einschließlich der Bauten auf fremden Grundstücken;
      2. technische Anlagen und Maschinen;
      3. andere Anlagen, Betriebs- und Geschäftsausstattung;
      4. geleistete Anzahlungen und Anlagen im Bau;
   III. Finanzanlagen:
      1. Anteile an verbundenen Unternehmen;
      2. Ausleihungen an verbundene Unternehmen;
      3. Beteiligungen;
      4. Ausleihungen an Unternehmen, mit denen ein Beteiligungsverhältnis besteht;
      5. Wertpapiere des Anlagevermögens;
      6. sonstige Ausleihungen.

B. Umlaufvermögen:
   I. Vorräte:
      1. Roh-, Hilfs- und Betriebsstoffe;
      2. unfertige Erzeugnisse, unfertige Leistungen;
      3. fertige Erzeugnisse und Waren;
      4. geleistete Anzahlungen;
   II. Forderungen und sonstige Vermögensgegenstände:
      1. Forderungen aus Lieferungen und Leistungen;
      2. Forderungen gegen verbundene Unternehmen;
      3. Forderungen gegen Unternehmen, mit denen ein Beteiligungsverhältnis besteht;
      4. sonstige Vermögensgegenstände;
   III. Wertpapiere:
      1. Anteile an verbundenen Unternehmen;
      2. eigene Anteile;
      3. sonstige Wertpapiere;
   IV. Schecks, Kassenbestand, Bundesbank- und Postgiroguthaben, Guthaben bei Kreditinstituten.

C. Rechnungsabgrenzungsposten.

(3) Passivseite

A. Eigenkapital:
   I. Gezeichnetes Kapital;
   II. Kapitalrücklage;
   III. Gewinnrücklagen:
      1. gesetzliche Rücklage;
      2. Rücklage für eigene Anteile;
      3. satzungsmäßige Rücklagen;
      4. andere Gewinnrücklagen;

**IV. Gewinnvortrag/Verlustvortrag;**
**V. Jahresüberschuß/Jahresfehlbetrag.**

**B. Rückstellungen:**
**1. Rückstellungen für Pensionen und ähnliche Verpflichtungen;**
**2. Steuerrückstellungen;**
**3. sonstige Rückstellungen.**

**C. Verbindlichkeiten:**
**1. Anleihen, davon konvertibel;**
**2. Verbindlichkeiten gegenüber Kreditinstituten;**
**3. erhaltene Anzahlungen auf Bestellungen;**
**4. Verbindlichkeiten aus Lieferungen und Leistungen;**
**5. Verbindlichkeiten aus der Annahme gezogener Wechsel und der Ausstellung eigener Wechsel;**
**6. Verbindlichkeiten gegenüber verbundenen Unternehmen;**
**7. Verbindlichkeiten gegenüber Unternehmen, mit denen ein Beteiligungsverhältnis besteht;**
**8. sonstige Verbindlichkeiten,**
**davon aus Steuern,**
**davon im Rahmen der sozialen Sicherheit.**

**D. Rechnungsabgrenzungsposten.**

*Übersicht*

## I. Allgemeines

1 Abs. 1 Satz 1 schreibt die **Kontoform,** d. h. die Trennung in Aktiv- und Passivseite, vor. Die in Abs. 2 und Abs. 3 vorgeschriebene Reihenfolge ist zu beachten. Abweichungswahlrechte und -pflichten ergeben sich nur im Rahmen des § 265 (vgl. die dortigen Erläuterungen).

Für kleine Genossenschaften (hierzu § 267 Abs. 1 und die dortigen Erläuterungen) sind Erleichterungen dahin vorgesehen, daß diese nur bis zu den römischen Ziffern gliedern müssen. Hinsichtlich der Erleichterungen bei der Offenlegung vgl. Erläuterungen zu § 339 HGB im Anhang zu § 33 GenG.

## II. Die einzelnen Bilanzposten

### A. Aktivseite

#### 1. Anlagevermögen (Abs. 2 Buchst. A)

2 Zum Begriff des Anlagevermögens vgl. (§ 264 Rdn. 39)

3 Das Anlagevermögen wird in drei Hauptposten unterteilt, und zwar in folgender Reihenfolge:
A. I. Immaterielle Vermögensgegenstände
A. II. Sachanlagen
A. III. Finanzanlagen

Aktiviert die Genossenschaft als Bilanzierungshilfen die Aufwendungen für die Ingangsetzung und Erweiterung des Geschäftsbetriebs (hierzu Erläuterungen zu § 269 HGB), so sind diese vor dem Anlagevermögen auszuweisen.

*a) Immaterielle Vermögensgegenstände (A. I.)*

4 Zu den **Konzessionen, gewerblichen Schutzrechten und ähnlichen Rechten und Werten sowie Lizenzen an solchen Rechten und Werten (A.I.1.)** gehören Güterfern- und Güternahverkehrskonzessionen, Patente, Warenzeichen, Markenrechte, Gebrauchsmuster, Geschmacksmuster, Urheberrechte, Verlagsrechte, Brenn- und Braurechte, Miet-, Wohn- und Belegungsrechte, Zuteilungsrechte, Know-how-Verträge, Erfindungen, Rezepte, Abfindungen für Überlassung von Einzugs-/Geschäftsgebieten, Übernahme eines Kundenstammes, EDV-Software.

Sie sind bei **entgeltlichem** Erwerb zu aktivieren (§ 248 Abs. 2 HGB), also z. B. nicht eine eigene Erfindung oder sonst unentgeltlich erworbene immaterielle Anlagewerte. Lizenten sind nur zu aktivieren, wenn sie gegen eine einmalige Ausgabe für mehrere Jahre erworben wurden (Kropff in Geßler/Hefermehl/Eckardt/Kropff, AktG, § 151 Rdn. 29); laufend vom Umsatz zu zahlende Lizenzgebühren sind in der Regel nicht aktivierungsfähig. Erfindervergütungen an Arbeitnehmer sind hingegen aktivierungsfähig.

5 Der **Geschäfts- und Firmenwert (A.I.2.)** ist nur aktivierungsfähig, wenn er entgeltlich erworben worden ist (vgl. hierzu und zur Abschreibung § 264

Rdn. 52, 53; vgl. auch Jahresabschluß der Waren- und Dienstleistungsgenossenschaften Teil B Aktivseite A.I.2.)

Die **geleisteten Anzahlungen (A.I.3.)** auf immaterielle Anlagewerte sind Vorleistungen der Genossenschaft. Die spätere Zuordnung zu dem immateriellen Anlageposten geschieht durch Umbuchung. **6**

*b) Sachanlagen (A. II.)*

Unter den Posten **Grundstücke, grundstücksgleiche Rechte und Bauten einschließlich der Bauten auf fremden Grundstücken (A.II.1.)** sind alle bebauten und unbebauten Grundstücke aufzunehmen, die der Genossenschaft gehören; gleiches gilt für Erbbaurechte. Auch verpachtete Grundstücke, die der Pächter bebaut hat, sind zu berücksichtigen (u. U. jedoch abweichende Bilanzierung, wenn die Übernahme der Gebäude nach Ablauf der Pachtzeit vereinbart ist). Zu den bebauten Grundstücken gehören nicht maschinelle Anlagen (z. B. Umspanneinrichtungen, Transformationsstationen); diese sind grundsätzlich unter A.II.2. auszuweisen. **7**

Die Angabe eines einheitlichen Betrages genügt, in dem die Bewertungen sowohl des Grundstücks als auch der auf dem Grundstück errichteten Gebäude mit Außenanlagen zu berücksichtigen sind.

Zu den **technischen Anlagen und Maschinen (A.II.2.)** gehören Maschinen aller Art; sie müssen nicht unbedingt der Herstellung dienen, sondern können auch für vorbereitende, begleitende oder dem Vertrieb dienende Aufgaben eingesetzt werden. Vielfach wird die Abgrenzung zu den anderen Anlagen im Sinne von A.II.3. schwierig sein; der Ausweis des Anlagegegenstands hat aus Gründen der Bilanzklarheit dort zu erfolgen, wo der Schwerpunkt der Zweckbestimmung liegt. **8**

Zum Posten **andere Anlagen, Betriebs- und Geschäftsausstattung (A.II.3.)** gehört in erster Linie die Inneneinrichtung aller Betriebsräume der Genossenschaft. Vielfach wird die Abgrenzung zu den technischen Anlagen und Maschinen (A.II.2.) schwierig sein. Dann ist die Zweckbestimmung ausschlaggebend. Anhaltspunkte für die Abgrenzung können der Aufteilung in der Abschreibungstabelle entnommen werden; es ist im Vergleich zu den Vorjahren nach gleichbleibenden Grundsätzen zu verfahren (Jahresabschluß der Waren- und Dienstleistungsgenossenschaften Teil B Aktivseite A.II.2.). **9**

Sind Betriebsgegenstände im Wege des Leasing von der Genossenschaft genutzt, so zählen sie u. U. ebenfalls zu dem hier auszuweisenden Inventar; abzustellen ist stets darauf, ob die Genossenschaft wirtschaftlicher Eigentümer ist.

Geringwertige Wirtschaftsgüter (Wert bis zu DM 800 netto, Lebensdauer bis 2 Jahren) brauchen nicht aktiviert zu werden, soweit ihr Wert unter DM 100 liegt; darüber hinaus — bis DM 800 — können sie im Anschaffungsjahr abgeschrieben werden.

10 Die **geleisteten Anzahlungen und Anlagen im Bau (A.II.4.)** werden als Teil des Anlagevermögens in einem Posten zusammengefaßt, weil eine klare Abgrenzung im Einzelfall schwierig sein kann. Die Anzahlungen müssen zum Bilanzstichtag geleistet sein. Nach Fertigstellung der Anlagen wird durch Umbuchung eine Zuordnung zu den einzelnen Anlageposten vorgenommen.

*c) Finanzanlagen (A.III.)*

11 Hinsichtlich der Anteile an verbundenen Unternehmen siehe § 271 Abs. 2 HGB i. V. m. § 336 HGB. Hierzu gehören Aktien, GmbH-Anteile, aber auch Anteile an Personenhandelsgesellschaften.

12 Unter **Ausleihungen an verbundene Unternehmen (A.III.2)** versteht man auf längere Zeit angelegte Darlehn. Allerdings ist die frühere Vier-Jahresfrist nicht maßgeblich; entscheidend ist die ursprüngliche nicht die Restlaufzeit (Baumbach/Duden/Hopt, HGB, § 266 Anm. 5). Bei Darlehn mit einer Laufzeit bis zu einem Jahr ist davon auszugehen, daß diese nicht auf Dauer angelegt sind (Jahresabschluß der Waren- und Dienstleistungsgenossenschaften Teil B. Aktivseite A.II.2.). Zum Begriff der verbundenen Unternehmen vgl. Erläuterungen zu § 271 HGB.

13 Zu den **Beteiligungen (A.III.3.)** gehören Anteile an Kapitalgesellschaften bzw. Einlagen bei Personengesellschaften. Handelt es sich um Beteiligungen an verbundenen Unternehmen, so sind diese unter A.III.1. auszuweisen. Zum Begriff der Beteiligung vgl. Erläuterungen zu § 271 HGB. Die Beteiligungen sind nach den Anschaffungskosten zu bewerten, soweit nicht Abschreibungen notwendig sind.

Die Mitgliedschaft bei einer eingetragenen **Genossenschaft** ist keine Beteiligung im Sinne dieser Vorschrift (§ 271 Abs. 1 Satz 5 HGB). Geschäftsguthaben bei Genossenschaften sollten deshalb als gesonderter Posten unter den Finanzanlagen ausgewiesen werden (siehe Vordruck für Genossenschaften A. III.5; siehe auch Rdn. 15).

14 **Ausleihungen** an Unternehmen, mit denen ein Beteiligungsverhältnis besteht (A.III.4.), sind auf längere Zeit angelegte Darlehn (hierzu Rdn. 12) an Unternehmen im Sinne der Rdn. 13. Es gelten die in Rdn. 12 und Rdn. 13 gemachten Ausführungen entsprechend.

15 Unter dem Posten **Geschäftsguthaben bei Genossenschaften** in **Ergänzung des Gliederungsschemas des § 266 HGB als A.III.5.** sind die eingezahlten Beträge sowie die Gutschriften aus genossenschaftlicher Rückvergütung und Dividende, solange die Anteile nicht voll eingezahlt sind, zu aktivieren. Fällige rückständige Pflichtenzahlungen sind ebenfalls zu aktivieren (bei gleichzeitiger Passivierung — D.7.).

Noch nicht fällige Einzahlungsverpflichtungen und die mit der Beteiligung an einer Genossenschaft verbundene Haftsumme sind im Anhang anzugeben, sofern diese Angabe für die Beurteilung der Finanzanlage von Bedeutung ist.

16 Zu den **Wertpapieren des Anlagevermögens (A.III.6 Genossenschaftsvordruck = A.III.5 i. S. d. § 266 HGB)** gehören alle Gesellschaftsanteile, soweit sie nicht III.1. und III.3. zuzuordnen sind. Außerdem festverzinsliche Wertpapiere. Voraussetzung ist, daß diese Rechte und Wertpapiere dauernd dem Geschäftsbetrieb der Genossenschaft zu dienen bestimmt sind; sonst Ausweis unter B. 3.

Bei Zuordnungsschwierigkeiten ist auf die Absicht der Genossenschaft abzustellen, ob sie die Rechte als Daueranlage halten will oder nicht, ob sie eine Beteiligung nur unter Anlagegesichtspunkten hält oder ob die Absicht besteht, eine dauernde Geschäftsverbindung einzugehen (in diesem Fall Ausweis unter A.III.1. bzw. 3.).

17 Zu den **sonstigen Ausleihungen (A.III.7. Genossenschaftsvordruck — nach dem Gliederungsschema des § 266: A.III.6.)** zählen alle Finanzanlagen, die — ebenfalls auf Dauer angelegt — nicht unter Nr. 1—5 fallen. Hierzu zählen Baudarlehn, Darlehn an Mitarbeiter, durch Hypotheken-, Grund- und Rentenschulden gesicherte Darlehn. Nicht hierzu zählen Forderungen aus Lieferungen und Leistungen. Eingefrorene und notleidend gewordene kurzfristige Forderungen sind hier nur dann auszuweisen, wenn sie in Ausleihungen umgewandelt worden sind.

**2. Umlaufvermögen (B)**

Zum Begriff des Umlaufvermögens vgl. § 264 Rdn. 45

18 Das Umlaufvermögen wird in 4 **Gruppen** aufgeteilt:

B.I. Vorräte
Zu den Bewertungsmethoden vgl. ausführlich Jahresabschluß der Waren- und Dienstleistungsgenossenschaften Teil B. Aktivseite B. I.1.—4 S. 2—6)

B.II. Forderungen und sonstige Vermögensgegenstände

B.III. Wertpapiere

B.IV. Liquide Mittel

*a) Vorräte (B.I.)*

19 Zu den **Roh-, Hilfs- und Betriebsstoffen (B.I.1.)** gehören sämtliche Vorräte, die zur Herstellung von Erzeugnissen benötigt werden oder zum betrieblichen Verbrauch bestimmt sind, unabhängig davon, ob sie bearbeitet, verarbeitet oder verbraucht werden. Auch bleibt unbeachtlich, wo diese Stoffe verwendet werden, ob im Herstellungs-, Vertriebs- oder Verwaltungsbereich. Werden diese Gegenstände überwiegend unverarbeitet veräußert, so sollten sie in vollem Umfang unter B.I.3. (Rdn. 21) bilanziert werden.

20 **Unfertige Erzeugnisse, unfertige Leistungen (B.I.2)** sind Erzeugnisse bzw. Leistungen, deren Herstellung bzw. Erbringung zwar bereits begonnen, am Bilanzstichtag aber noch nicht abgeschlossen war. Allerdings darf nur der

anfallende Kostenaufwand, nicht der zu erwartende Gewinnanteil bilanziert werden (Realisationsprinzip).

21 Zu den **fertigen Erzeugnissen und Waren (B.I.3.)** sind die Gegenstände zu rechnen, deren Bearbeitung oder Verarbeitung programmgemäß beendet ist bzw. die ohne be- oder verarbeitet zu werden, für die Veräußerung bestimmt sind. Tritt die Genossenschaft als Kommissionär auf, so ist die diesbezügliche Ware von ihr nicht zu bilanzieren, da die Kommissionsware wirtschaftlich dem Kommittenten zuzuordnen ist.

22 **Geleistete Anzahlungen (B.I.4)** sind in erster Linie Vorleistungen, die die Genossenschaft an Lieferanten oder Dienstleistungsunternehmen erbringt. Bei gegenseitigen Verträgen ist eine Vorleistung dann nicht gegeben, wenn sich die bisher ausgetauschten Leistungen und Gegenleistungen wertmäßig entsprechen. Anzahlungen auf Sachanlagen sind unter A.II.4., Anzahlungen auf noch zu erbringende Leistungen ggfs. unter B.II.4. auszuweisen.

Von Kunden erhaltene Anzahlungen auf Lieferungen oder Leistungen sollten im Interesse der Bilanzklarheit unter D.2. = Bruttoausweis passiviert werden (Jahresabschluß der Waren- und Dienstleistungsgenossenschaften Teil B. Aktivseite B.I.1.—4.).

*b) Forderungen und sonstige Vermögensgegenstände (B.II.)*

23 Zu den **Forderungen aus Lieferungen und Leistungen (B.II.1.)** gehören die Ansprüche aus erbrachten Lieferungen und Leistungen. Hier ist nicht der Wert der Ware bzw. der Dienstleistung zu aktivieren, sondern der Anspruch auf die Gegenleistung (also ggfs. Sachwert plus Gewinn). Preisnachlässe, Rabatte etc. sind abzuziehen. Abschreibungen sind gemäß § 253 Abs. 3 HGB z. B. vorzunehmen bei Uneinbringlichkeit, bei zweifelhafter Einbringlichkeit, bei allgemeinem (latenten) Kreditrisiko, bei zu erwartenden Skontoabzügen. Bei der Bewertung sind alle Erkenntnisse über die Werthaltigkeit der Forderung bis zum Zeitpunkt der Bilanzaufstellung zu berücksichtigen (Wertaufhellung).

24 Unter **Forderungen gegen verbundene Unternehmen (B.II.2.)** sind alle Forderungen auszuweisen, soweit sie nicht Ausleihungen sind, die den Finanzanlagen zuzurechnen sind bzw. soweit sie nicht als Forderungen aus Lieferungen und Leistungen ausgewiesen werden. Zu dem Begriff verbundene Unternehmen vgl. Rdn. 11. Im Zweifel ist dem Ausweis unter diesem Posten der Vorzug zu geben. Sonst ist die Mitzugehörigkeit zu vermerken.

25 Hinsichtlich der **Forderungen gegen Unternehmen, mit denen ein Beteiligungsverhältnis besteht (B.II.3)** vgl. die vorstehende Randnummer sowie hinsichtlich des Begriffs „Unternehmen, mit denen ein Beteiligungsverhältnis besteht“ Rdn. 14. Forderungen gegen Zentralgenossenschaften und andere Genossenschaften, bei denen die Genossenschaft Mitglied ist, gelten nicht als

Forderung im Sinne dieses Postens. Dagegen sind Forderungen an genossenschaftliche Zentralen in anderer Rechtsform hier auszuweisen.

Unter dem Posten **sonstige Vermögensgegenstände (B.II.4.)** sind alle Vermögensgegenstände auszuweisen, die keinem anderen Posten zugeordnet werden können. Hierzu zählen u. a. Darlehn, soweit sie nicht langfristig ausgestaltet sind, Lohn- und Gehaltsvorschüsse, geleistete Kautionen, Bausparguthaben, Schadensersatzansprüche, Ansprüche aus Versicherungsleistungen, zur Veräußerung bestimmtes Grundvermögen etc. (vgl. im einzelnen ausführlich Jahresabschluß der Waren- und Dienstleistungsgenossenschaften Teil B. Aktivseite B. II. 1.—4., S. 4—5). **26**

*c) Wertpapiere (B.III.)*

Unter dem Posten **Anteile an verbundenen Unternehmen (B.III.1.)** sind nur die Anteile auszuweisen, die nicht mit der Absicht gehalten werden, daß sie dauernd dem Geschäftsbetrieb dienen sollen. In der Regel handelt es sich um Anteile, die zur Veräußerung bestimmt sind (Handelsbestand). Der Ausweis hat sich auf die Anteile am Gesellschaftskapital zu beschränken. **27**

Der Posten **eigene Anteile (B.III.2. des Gliederungsschemas des § 266 HGB)** entfällt bei Genossenschaften, da diese keine eigenen Anteile besitzen können. Dementsprechend rückt Posten 3. entsprechend auf (vgl. Rdn. 29). **28**

**Sonstige Wertpapiere (B.III.2.) — nach dem Bilanzgliederungsschema des § 266 HGB: B.III.3.** sind alle fungiblen Papiere, die der vorübergehenden Geldanlage dienen und kurzfristig und ungehindert verwertbar sind. Ist die Wertpapieranlage dazu bestimmt, dauernd dem Geschäftsbetrieb zu dienen, ist sie unter Posten A.III. auszuweisen (vgl. die dortigen Erläuterungen). Warenwechsel sind als Forderungen aus Lieferungen und Leistungen auszuweisen (B.II.1. — Rdn. 23). **29**

*d) Schecks, Kassenbestand, Bundesbank- und Postgiroguthaben, Guthaben bei Kreditinstituten (B.IV.)*

Zu erfassen sind alle durch körperliche Bestandsaufnahme zum Bilanzstichtag im Bestand festgestellten **Schecks.** Eingereichte Schecks sind nicht zu aktivieren, sondern als Überhangposten im Bankkontensaldo zu verrechnen. Schecks werden zum Nennwert bilanziert. Sind Schecks teilweise oder ganz uneinbringlich, so sind sie ganz oder teilweise abzuschreiben. Schecks, die von der bezogenen Bank mangels Deckung zurückgegeben worden sind (Rückschecks), dürfen nicht als Scheckbestand bilanziert werden, sondern sind dem Konto des Einreichers zu belasten. **30**

Zum **Kassenbestand** zählen die Bargeldbestände der Haupt- und Nebenkassen, einschließlich Geldsorten und Wertmarken, z. B. Brief-, Steuer- und ähnliche Wertmarken. Zins und Dividendenscheine gehören nicht dazu. Sie sind Wertpapiere. **31**

Die Bewertung der Bestände erfolgt nach dem Niederstwertprinzip, bei ausländischen Sorten zum niedrigeren Tageskurs (Geldkurs des Bilanzstichtags).

32 **Bundesbankguthaben** müssen durch Kontoauszug/Kontobestätigung der Landeszentralbank zum Bilanzstichtag nachgewiesen werden.

33 **Postgiroguthaben** sind durch Kontoauszüge der Postgiroämter zu belegen.

34 **Bankguthaben** sind Forderungen gegen in- und ausländische Banken unabhängig davon, ob es sich um fällige oder längerfristig angelegte Guthaben, um zweckgebundene oder gesperrte Guthaben handelt. U. U. ist im Anhang dazu zu erläutern. Eingeräumte, aber nicht in Anspruch genommene Kredite stellen keine Guthaben bei dem Kreditinstitut dar; sie dürfen in der Bilanz nicht ausgewiesen werden.

**3. Rechnungsabgrenzungsposten (A)**

35 **Rechnungsabgrenzungsposten** (hierzu auch Rdn. 61, 62) dürfen nur ausgewiesen werden (§ 250 HGB), wenn auf der Aktivseite Ausgaben vor dem Abschlußstichtag gemacht werden, die erst im nächsten Geschäftsjahr als Aufwand dem Betrieb zugeführt werden (Zahlungen der Januar-Gehälter im Dezember, sofern das Geschäftsjahr mit dem Kalenderjahr übereinstimmt, Müller, § 33d Rdn. 29). Gleiches gilt für Werbekampagnen, die Belastungen über mehrere Geschäftsjahre hinweg mit sich bringen bzw. für Forschungen; aber nicht für einen einmaligen Werbeaufwand, der auf mehrere Geschäftsjahre verteilt werden soll. Dagegen gehören in der Regel nicht hierher die antizipativen Posten, d. h. solche Beträge, die das Bilanzjahr betreffen, aber erst im neuen Geschäftsjahr eingegangen sind, wie etwa Zinsen, Mieten, Pacht, Versicherungsprämien, Kfz-Steuern usw.; diese Beträge sind besser als Forderungen auszuweisen (GoB; a. A. Müller, § 33d Rdn. 34).

36 Als abgrenzbare, aber nicht abgrenzungspflichtige Ausgabe gilt gemäß § 250 Abs. 3 HGB auch das **Disagio.** Wird von dem Wahlrecht Gebrauch gemacht, muß das Disagio gemäß § 268 Abs. 6 HGB gesondert ausgewiesen oder im **Anhang** angegeben und planmäßig als Aufwand verrechnet werden. Ein weiteres Bilanzierungswahlrecht als Rechnungsabgrenzungsposten enthält § 250 Abs. 1 HGB, das jedoch bei Genossenschaften kaum praktische Bedeutung hat.

**B. Passivseite**

**1. Eigenkapital**

37 Die in § 266 Abs. 3 Buchst. A enthaltene Aufgliederung des Eigenkapitals wird durch § 337 HGB (vgl. auch die dortigen Erläuterungen — im Anhang zu § 33 —) wie folgt ergänzt:

I. Geschäftsguthaben
II. Kapitalrücklagen

III. Ergebnisrücklagen
1. Gesetzliche Rücklage
2. Andere Ergebnisrücklagen
IV. Gewinnvortrag/Verlustvortrag
V. Jahresüberschuß/Jahresfehlbetrag

Ergibt sich ein Überschuß der Passiven über die Aktiven, so ist dieser negative Betrag am Schluß der Bilanz auf der Aktivseite gesondert mit der Bezeichnung „nicht durch Eigenkapital gedeckter Fehlbetrag" auszuweisen (§ 268 Abs. 3 HGB).

Im folgenden wird auf die genossenschaftlichen Besonderheiten des § 337 HGB im Hinblick auf den Posten Eigenkapital Bezug genommen.

*a) Geschäftsguthaben*

Das **Geschäftsguthaben** wird gemäß § 337 Abs. 1 HGB unterteilt in **38**
Geschäftsguthaben
— der verbleibenden Mitglieder
— der ausscheidenden Mitglieder
— aus gekündigten Geschäftsanteilen.

Es ist der **Gesamtbetrag** der Geschäftsguthaben nach dem Stande am Schluß des Geschäftsjahres anzugeben.

Der Gesamtbetrag der Geschäftsguthaben der mit Ablauf des Geschäftsjahres ausgeschiedenen Mitglieder ist gesondert anzugeben. Das Geschäftsguthaben der im Laufe des Geschäftsjahres **verstorbenen** Mitglieder sind auch dann als Geschäftsguthaben ausscheidender Mitglieder auszuweisen, wenn die Eintragung in die Liste der Mitglieder erst nach dem Bilanzstichtag erfolgt. Macht die Genossenschaft von der Möglichkeit des § 77 Abs. 2 GenG Gebrauch, sind diese Geschäftsguthaben unter den verbleibenden Mitgliedern auszuweisen.

Noch **nicht ausgezahlte Auseinandersetzungsguthaben,** Vorauszahlungen **39**
auf noch nicht eingetragene Geschäftsanteile und Überzahlungen sind unter dem Passivposten C.7. auszuweisen.

**Rückständige, fällige Pflichteinzahlungen** werden entsprechend § 337 **40**
Abs. 1 Satz 3 oder Satz 4 behandelt; insoweit hat die Genossenschaft ein Wahlrecht. Hinsichtlich der Einzahlungspflichten vgl. § 7 Rdn. 23 sowie hinsichtlich der rückständigen, fälligen Pflichteinzahlungen auch § 15b Rdn. 9; siehe auch die Rechenbeispiele im Jahresabschluß für Waren- und Dienstleistungsgenossenschaften Teil B. Passivseite A.I.—IV. S. 2—4).

Rückständige Einzahlungen auf den Geschäftsanteil liegen vor, soweit **41**
fällige Einzahlungen noch nicht geleistet sind. Fällig sind Einzahlungen dann, wenn der nach der Satzung oder von der Generalversammlung festgelegte Zeitpunkt für die Einzahlung eintritt (Müller, § 33e Rdn. 2, Schubert/Steder, § 33e Rz. 2). Wenn die Satzung eine grundsätzliche Volleinzahlungspflicht

vorsieht, dem Vorstand jedoch die Möglichkeit einräumt, Ratenzahlungen zu gewähren und für diesen Fall die Fälligkeit und Höhe der einzelnen Raten vorschreibt (vgl. § 37 Abs. 2 der Mustersatzungen für Volksbanken und Raiffeisenbanken), so ist der für die Rückständigkeit entscheidende Zeitpunkt die sich aus dieser Satzungsvorschrift für die einzelnen Ratenzahlung ergebende Fälligkeit. Wird mithin einem Mitglied Ratenzahlungen gewährt und werden diese Raten nach der Satzungsbestimmung erst mit Beginn der Quartale des nächsten Jahres fällig, so sind diese Ratenbeträge am Ende des laufenden Geschäftsjahres nicht als rückständige Einzahlungen auszuweisen. Müllers Ansicht (§ 33e Rdn. 2), es sei ohne Bedeutung, daß dem einzelnen Mitglied Stundung gewährt sei, ist insoweit zu folgen, als der Fall gemeint ist, daß der Vorstand bei Fälligkeit einzelner Ratenzahlungen einem Mitglied zusätzlich Stundung gewährt (vgl. hierzu ausführlich § 22 Rdn. 19). Keinesfalls ist generell die Differenz zwischen dem Geschäftsanteil und dem Geschäftsguthaben rückständig.

**42** Werden gleichzeitig **mehrere Geschäftsanteile** übernommen, müssen diese bis auf einen, nämlich den letzten, voll eingezahlt sein (§ 15b und die dortigen Erläuterungen). Ist dieses nicht geschehen, sondern sind nur die satzungsmäßigen Raten auf die einzelnen Geschäftsanteile eingezahlt, so ist die **Differenz** zwischen den tatsächlichen Einzahlungen und den Geschäftsanteilen (mit Ausnahme des letzten Geschäftsanteils) als rückständige fällige Pflichteinzahlung zu bilanzieren. Die Bilanzierung der Differenz ergibt sich daraus, daß im Konkurs der Genossenschaft Mitglieder, die diese Geschäftsanteile nicht voll eingezahlt haben, die Volleinzahlung zur Konkursmasse schulden. § 15b (§ 136 a. F.) ist im Hinblick auf den Gläubigerschutz insoweit keine Ordnungsvorschrift (a. A. Schubert, Raiffeisen-Rundschau 1965, 65ff; Schubert/Steder, § 33e Rz. 2). Ordnungsvorschrift ist § 15b (§ 136 a. F.) nur insoweit, als trotz Verstoßes gegen § 15b eine Eintragung in die Liste der Mitglieder erfolgt; die so gezeichneten Geschäftsanteile sind im Interesse des Gläubigerschutzes wirksam übernommen (RGZ 115, 148).

**43** **Steuerrechtlich** sind die rückständigen Einzahlungen zum Betriebsvermögen zu rechnen (a. A. Müller, § 33e Rdn. 6). Werden die rückständigen Einzahlungen durch Gutschrift der genossenschaftlichen Rückvergütung auf die Geschäftsanteile erbracht, so ist diese Gutschrift ebenfalls dem Betriebsvermögen hinzuzurechnen (BFH, BB 1965, 982; a. A. Müller, § 33e Rdn. 6).

### *b) Kapitalrücklage*

**44** Durch das Bilanzrichtlinien-Gesetz wird erstmals zwischen Kapitalrücklage und Ergebnisrücklagen unterschieden. Dieser neue Begriff (vgl. § 272 Abs. 2 HGB) erfaßt alle Beträge, die nicht aus Gewinnen der Genossenschaft und auch nicht aus Einzahlungen auf Geschäftsanteile gebildet worden sind. Es handelt sich z. B. um Eintrittsgelder, verlorene Baukostenzuschüsse und sonstige genossenschaftliche Einlagen. Soweit diese Beträge bisher der gesetzlichen Rücklage zugewiesen wurden, können sie entsprechend der gesetzlichen Zweckbindung (§ 7 Nr. 2 GenG) nur zur Deckung von Verlusten herangezogen werden. Grundsätzlich sind die in die gesetzlichen Rücklagen eingestellten Beträge im Sinne des § 272 Abs. 2 HGB nunmehr in die Kapitalrücklage zu überführen; es sei denn, es handelt sich um unwesentliche, nicht ins Gewicht fallende Beträge. Bei einer Überführung dieser Beträge in die Kapitalrücklage, muß — im Interesse des Gläubigerschutzes — die Zweckbindung des § 7 Nr. 2 GenG weiterhin sichergestellt werden. Im übrigen kann die Satzung frei bestimmen, wie die Kapitalrücklage verwendet wird und wer über die Verwendung entscheidet. Schweigt die Satzung, entscheidet der Vorstand (§ 27 Abs. 1 Satz 1 GenG).

*c) Ergebnisrücklagen*

Mit dieser Bezeichnung wird dem Förderauftrag der Genossenschaft im Vergleich zu den Kapitalgesellschaften Rechnung getragen. Als **Ergebnisrücklagen** dürfen nur die Beträge ausgewiesen werden, die im Geschäftsjahr oder in früheren Geschäftsjahren aus dem Ergebnis der Genossenschaft gebildet worden sind (§ 272 Abs. 3 Satz 1 HGB). **45**

Zum **Begriff** der **gesetzlichen** Rücklage siehe § 7 Nr. 2 GenG und die dortigen Erläuterungen. **46**

Zum Begriff **andere** Ergebnisrücklagen siehe § 337 Abs. 2 Nr. 2 HGB. Es handelt sich hier um alle anderen neben der gesetzlichen Rücklage bestehenden Rücklagen, z. B. Betriebsrücklage und **andere** zweckbestimmte Rücklagen. Der Beteiligungsfonds (hierzu § 73 Abs. 3 GenG und die dortigen Erläuterungen) muß wie bisher gesondert vermerkt werden, wie auch die Beträge, die aus dieser Ergebnisrücklage an ausscheidende Mitglieder auszuzahlen sind. **47**

Bei der Entwicklung der Ergebnisrücklagen sind nach § 337 Abs. 3 HGB die Beträge **gesondert** aufzuführen, die **48**
— die Generalversammlung aus dem Bilanzgewinn des Vorjahres eingestellt hat
— aus dem Jahresüberschuß des Geschäftsjahres eingestellt werden
— für das Geschäftsjahr entnommen werden.

*d) Bilanzgewinn/Bilanzverlust*

Die Bilanz darf auch unter Berücksichtigung einer teilweisen Verwendung (**Vorwegzuweisung**) des Jahresergebnisses nach § 268 Abs. 1 HGB aufgestellt werden. Dabei tritt an die Stelle der Posten Jahresüberschuß/Jahresfehlbetrag und Gewinnvortrag/Verlustvortrag der Posten **Bilanzgewinn/Bilanzverlust** (Jahresabschluß der Waren- und Dienstleistungsgenossenschaften Teil B Pas- **49** sivseite A.1.—4. S. 5; zur Definition vgl. § 14 Rdn. 3, 3a). Ein vorhandener Gewinn- oder Verlustvortrag ist in diesen Posten einzubeziehen und in der Bilanz oder im Anhang gesondert anzugeben (§ 268 Abs. 1 HGB).

**Gewinnvortrag/Verlustvortrag**

Unter Gewinnvortrag ist der gemäß Beschluß der Generalversammlung nicht verwendete oder nicht verteilte Bilanzgewinn des Vorjahres zu zeigen. Der Verlustvortrag ergibt sich analog aus einem nicht vom Eigenkapital der Genossenschaft abgeschriebenen und ausdrücklich zum Vortrag bestimmten Teil des Bilanzverlustes aus dem Vorjahr.

Der Posten wiederholt sich in der Gewinn- und Verlustrechnung, Posten 21.

**Jahresüberschuß/Jahresfehlbetrag**

Der Jahresüberschuß/Jahresfehlbetrag ist der Saldo der in Staffelform aufzustellenden Gewinn- und Verlustrechnung. Der Posten findet sich betragsgleich in der Gewinn- und Verlustrechnung für Genossenschaften, Posten 20. Zur Definition vgl. § 19 Rdn. 2.

**Einstellung in/Entnahme aus Rücklagen**

Für die Feststellung des Jahresabschlusses und die Beschlußfassung über die Verwendung des Jahresüberschusses oder die Deckung eines Jahresfehlbetrages ist die Generalversammlung zuständig (§ 48 GenG). Wird die Bilanz unter Berücksichtigung der vollständigen oder teilweisen Verwendung des Jahresergebnisses (Vorwegzuweisung) aufgestellt, müssen Einstellungen in die Ergebnisrücklagen, die nach Gesetz und/oder Satzung vorzunehmen sind, bereits bei der Aufstellung der Bilanz berücksichtigt sein (§ 270 Abs. 2 HGB). Darüber hinausgehende Zuweisungen zu den Ergebnisrücklagen (Vorwegzuweisungen) bzw. Entnahmen aus Ergebnis- und Kapitalrücklagen sind ebenfalls unter diesem Unterposten — in Übereinstimmung mit den Posten 22/23 der Gewinn- und Verlustrechnung — aufzuführen.

### 2. Sonderposten mit Rücklageanteil

50 **Als Sonderposten mit Rücklageanteil** dürfen gemäß §§ 247 Abs. 3 und § 273 HGB nur solche Posten ausgewiesen werden, bei denen „das Steuerrecht die Anerkennung des Wertumsatzes bei der steuerrechtlichen Gewinnermittlung davon abhängig macht, daß der Sonderposten in der (Handels-)Bilanz gebildet wird" (umgekehrte Maßgeblichkeit). Die in sie eingestellten Teile des Gewinns sind zunächst der Ertragsbesteuerung entzogen. Zu diesen Sonderposten zählen z. B. die Rücklagen für Ersatzbeschaffung (Abschn. 35 EStR) und die Rücklagen gemäß § 6b EStG. Stets ist die Vorschrift — entweder in der Bilanz oder im Anhang — zu nennen, wonach der Sonderposten gebildet

worden ist (vgl. Jahresabschluß der Waren- und Dienstleistungsgenossenschaften B. Passivseite II.B; vgl. auch Erläuterungen zu § 273 HGB).

**3. Rückstellungen (B)**

Das Gliederungsschema des § 266 unterscheidet im Absatz 3 Abschn. B zwischen **51**

— Rückstellungen für Pensionen und ähnliche Verpflichtungen (B.1.)
— Steuerrückstellungen (B.2.)
— sonstige Rückstellungen (B.3.)

Rückstellungen sind Passivposten, die zur Berücksichtigung bestimmter künftiger Ausgaben gebildet werden, die wirtschaftlich den Geschäftsjahren bis zum Bilanzstichtag zuzuordnen sind. Die Rückstellungsgründe sind im § 249 HGB abschließend aufgeführt. Für andere Zwecke ist die Bildung von Rückstellungen unzulässig. Insbesondere sind nach § 249 Abs. 1 HGB Rückstellungen für ungewisse Verbindlichkeiten (wenn der zu klärende Sachverhalt, Bestehen oder Entstehen einer Verbindlichkeit bzw. ihre Höhe noch nicht abschließend beurteilt werden kann) und für drohende Verluste aus schwebenden (einmalige oder Dauerschuldverhältnisse) Geschäften zu bilden; der Verlusteintritt muß drohen, eine bloße Möglichkeit des Verlusteintritts genügt nicht. **52**

Die Höhe der Rückstellungen ist unter Berücksichtigung vernünftiger kaufmännischer Beurteilung festzusetzen (§ 253 Abs. 1 Satz 2 HGB). Hierbei gilt der Grundsatz der Vorsicht (§ 252 Abs. 1 Nr. 4 HGB).

**Pensionsverpflichtungen** (Betriebsrenten) sind ungewisse Verbindlichkeiten. Sie sind zu passivieren; es besteht nicht mehr — wie früher — ein Passivierungswahlrecht; dieses besteht jedoch weiterhin für mittelbare Pensionszusagen (z. B. über eine Unterstützungskasse) und für pensionsähnliche Verpflichtungen. Zu den Rückstellungen für Pensionsverpflichtungen siehe ausführlich Jahresabschluß der Waren- und Dienstleistungsgenossenschaften B. Passivseite, C Rückstellungen. **52a**

**Steuerrückstellungen** sind gesondert auszuweisen. Hierzu gehören insbesondere Körperschaft-, Gewerbe- und Vermögenssteuer, die bis zum Schluß des Geschäftsjahres entstanden sind und bei denen die Veranlagung noch aussteht. Gleiches gilt bei eingelegtem Rechtsmittel, wenn der Ausgang des Verfahrens ungewiß ist. **52b**

Rückstellungen für **latente Steuern** sind im Rahmen des § 274 HGB zu bilden (vgl. die dortigen Erläuterungen).

Sonstige Rückstellungen sind unter Berücksichtigung der in Rdn. 52 genannten Grundsätze z. B. zu bilden für **52c**

— Kosten des Jahresabschlusses
— Prüfungs- und Steuerberatungskosten

— Verpflichtungen aus Dienstverträgen, wenn und soweit sie Zeiträume bis zum Bilanzstichtag betreffen.
— Provisionen, Gratifikationen, Tantiemen, Gewinnbeteiligungen
— Sozialplanverpflichtungen
— Zuweisungen zu Unterstützungskassen
— Boni, Rabatte
— Kosten der betrieblichen Berufsausbildung
— ungewisse Risiken
— drohende Inanspruchnahmen nach § 251 HGB (Bürgschaften, Garantien etc.; hierzu § 268 Rdn. 9 ff)
— Prozeßrisiken und -kosten
— in längerem zeitlichen Abstand anfallende Großreparaturen

(Vgl. hierzu die ausführliche Auflistung im Jahresabschluß der Waren- und Dienstleistungsgenossenschaften B. Passivseite, C Rückstellungen S. 5 ff).

**4. Verbindlichkeiten**

53 **Anleihen** (C.1.) sind Kreditinanspruchnahmen der Genossenschaft. Eine Aufgliederung der Kredite könnte sich u. U. aus Gründen der Bilanzklarheit anbieten. Bei den Anleihen sind hypothekarische Sicherheiten nur anzugeben, wenn die Hypotheken auf Grundstücken der Genossenschaft lasten. Allerdings sind auch andere Sicherungen durch Vermögensgegenstände der Genossenschaft festzuhalten (Müller, § 33 d Rdn. 48). Da Anleihen bei Genossenschaften kaum vorkommen dürften, wurde davon **abgesehen,** diesen Posten in den Bilanzvordruck aufzunehmen.

54 **Verbindlichkeiten gegenüber Kreditinstituten (C.II.)** sind alle Forderungen (nicht nur Kreditforderungen) von Kreditinstituten aus Bankgeschäften gegen die Genossenschaft.

55 **Erhaltene Anzahlungen auf Bestellungen (C.III.)** sind Vorauszahlungen für von der Genossenschaft noch auszuführende Lieferungen und Leistungen.

56 **Verbindlichkeiten aus Lieferungen und Leistungen (C.IV.)** entstehen aus dem Bezug von Waren sowie von Roh-, Hilfs- und Betriebsstoffen bzw. Verpflichtungen aufgrund von Dienst- und Werkverträgen (Werklöhne, Fuhrlöhne etc.).

57 **Verbindlichkeiten aus der Annahme gezogener Wechsel und der Ausstellung eigener Wechsel (C.V.)** sind die auf die Genossenschaft gezogenen Wechsel und die von der Genossenschaft selbst ausgestellten Solawechsel.

58 **Verbindlichkeiten gegenüber verbundenen Unternehmen (C.6.)** sind insbesondere Darlehn des verbundenen Unternehmens und Verbindlichkeiten aus dem laufenden Verrechnungsverkehr. Hier sind alle Verbindlichkeiten aufzuführen, die nicht bereits unter den Passivposten C.1.—4. aufgenommen worden sind.

Hinsichtlich des Begriffs „verbundene Unternehmen" vgl. Erläuterungen zu § 271.

**Verbindlichkeiten gegenüber Unternehmen, mit denen ein Beteiligungsverhältnis besteht (C.7.).** Hier gilt das zur Rdn. 55 Gesagte entsprechend. Nicht hierzu zählen Verbindlichkeiten gegenüber Zentralgenossenschaften. **59**

Hinsichtlich des Begriffs „Unternehmen, mit denen ein Beteiligungsverhältnis besteht" vgl. Rdn. 14.

Unter den **sonstigen Verbindlichkeiten (C.8.)** sind alle Verbindlichkeiten zu bilanzieren, die sich nicht in die Passivposten C.1. bis 7. einordnen lassen. Hierzu zählen u. a. Auseinandersetzungsguthaben, im voraus gezahlte und überzahlte Geschäftsguthaben, Mitgliederdarlehen, Verbindlichkeiten gegenüber betrieblichen Unterstützungseinrichtungen, Steuerschulden, die der Höhe nach genau feststehen, Aufsichtsratsvergütungen für den Zeitraum bis zum Bilanzstichtag, Gehälter, Löhne etc., Verbindlichkeiten für Vorruhestandsgelder (vgl. im übrigen die ausführliche Auflistung von Beispielen im Jahresabschluß der Waren- und Dienstleistungsgenossenschaften Teil B. Passivposten D7.) **60**

Zu **Rechnungsabgrenzungsposten** kommt es in der Regel, wenn Leistung und Gegenleistung zeitlich auseinanderfallen. Sie sind weder auf der Aktivseite noch auf der Passivseite Vermögensgegenstände bzw. Schulden, sondern sie dienen der periodengerechten Erfolgsermittlung. § 250 Abs. 1 HGB schreibt die **Aktivierungspflicht** von Ausgaben vor dem Abschlußstichtag zwingend vor, soweit sie Aufwand für eine bestimmte Zeit nachher darstellen, z. B. noch im alten Jahr geleistete Vorauszahlungen von Versicherungsprämien, Miete, Beiträgen für das folgende Geschäftsjahr (zur Aktivierung von Rechnungsabgrenzungsposten vgl. Rdn. 35). **61**

### 5. Rechnungsabgrenzungsposten

Bei den **passiven Rechnungabgrenzungsposten** (§ 250 Abs. 2 HGB) handelt es sich um Beträge, die im alten Jahr zwar vereinnahmt wurden, aber das neue Jahr betreffen, z. B. die im alten Geschäftsjahr im voraus erhaltenen Zinsen, Mieten usw. (transitorische Posten). Dagegen sollen Beträge, die das abgelaufene Bilanzjahr betreffen, aber erst im neuen Jahr seitens der Genossenschaft gezahlt werden (antizipative Posten), als Verbindlichkeiten ausgewiesen werden. **62**

## § 267 HGB
## Umschreibung der Größenklassen

**(1) Kleine Kapitalgesellschaften sind solche, die mindestens zwei der drei nachstehenden Merkmale nicht überschreiten:**

1. **Drei Millionen neunhunderttausend Deutsche Mark Bilanzsumme nach Abzug eines auf der Aktivseite ausgewiesenen Fehlbetrags (§ 268 Abs. 3).**

2. Acht Millionen Deutsche Mark Umsatzerlöse in den zwölf Monaten vor dem Abschlußstichtag.
3. Im Jahresdurchschnitt fünfzig Arbeitnehmer.

(2) Mittelgroße Kapitalgesellschaften sind solche, die mindestens zwei der drei in Absatz 1 bezeichneten Merkmale überschreiten und jeweils mindestens zwei der drei nachstehenden Merkmale nicht überschreiten:
1. Fünfzehn Millionen fünfhunderttausend Deutsche Mark Bilanzsumme nach Abzug eines auf der Aktivseite ausgewiesenen Fehlbetrags (§ 268 Abs. 3).
2. Zweiunddreißig Millionen Deutsche Mark Umsatzerlöse in den zwölf Monaten vor dem Abschlußstichtag.
3. Im Jahresdurchschnitt zweihundertfünfzig Arbeitnehmer.

(3) Große Kapitalgesellschaften sind solche, die mindestens zwei der drei in Absatz 2 bezeichneten Merkmale überschreiten. Eine Kapitalgesellschaft gilt stets als große, wenn Aktien oder andere von ihr ausgegebene Wertpapiere an einer Börse in einem Mitgliedstaat der Europäischen Wirtschaftsgemeinschaft zum amtlichen Handel zugelassen oder in den geregelten Freiverkehr einbezogen sind oder die Zulassung zum amtlichen Handel beantragt ist.

(4) Die Rechtsfolgen in der Merkmale nach den Absätzen 1 bis 3 Satz 1 treten nur ein, wenn sie an den Abschlußstichtagen von zwei aufeinanderfolgenden Geschäftsjahren über- oder unterschritten werden. Im Falle der Verschmelzung, Umwandlung oder Neugründung treten die Rechtsfolgen schon ein, wenn die Voraussetzungen des Absatzes 1, 2 oder 3 am ersten Abschlußstichtag nach der Verschmelzung, Umwandlung oder Neugründung vorliegen.

(5) Als durchschnittliche Zahl der Arbeitnehmer gilt der vierte Teil der Summe aus den Zahlen der jeweils am 31. März, 30. Juni, 30. September und 31. Dezember beschäftigten Arbeitnehmer einschließlich der im Ausland beschäftigten Arbeitnehmer, jedoch ohne die zu ihrer Berufsausbildung Beschäftigten.

(6) Informations- und Auskunftsrechte der Arbeitnehmervertretungen nach anderen Gesetzen bleiben unberührt.

1 Das Bilanzrichtlinien-Gesetz differenziert je nach der Größe der Genossenschaft zwischen kleinen Genossenschaften (hierzu Abs. 1), mittelgroßen Genossenschaften (hierzu Abs. 2) und großen Genossenschaften (hierzu Abs. 3).

2 Die Bilanzsumme ist die Summe der Aktivseite der Bilanz nach Abzug eines auf der Aktivseite eventuell ausgewiesenen Fehlbetrags (§ 268 Abs. 3). Die Umsatzerlöse (Definition siehe § 277 Abs. 1 HGB) sind ohnehin in der Gewinn- und Verlustrechnung anzugeben (§ 275 Abs. 2 Nr. 1). Der Abschlußstichtag muß nicht unbedingt identisch mit dem normalen Geschäftsjahr sein, dies gilt z. B. bei Rumpfgeschäftsjahren. Die Arbeitnehmereigenschaft folgt aus dem Arbeitsrecht; Teilzeitbeschäftigte sind voll mitzuzählen, Auszubildende hingegen nicht. Vorstandsmitglieder sind keine Arbeitnehmer.

3 Für **kleine** Genossenschaften gelten zahlreiche Erleichterungen, z. B.
— verkürzte Bilanzgliederung (§ 266 Abs. 1 Satz 3; es kann jedoch auch nach dem normalen Bilanzgliederungsschema bilanziert werden.

— verkürzte Gewinn- und Verlustrechnung beginnend mit dem Rohergebnis (§ 276); unverkürzte Gewinn- und Verlustrechnung ist jedoch auch zulässig.
— weniger Angaben im Anhang (§ 288 Satz 1)
— reduzierte Offenlegung (§ 339 i. V. m. § 326 HGB)
— Einreichung zum Handelsregister.

Nach derselben Berechnung werden **mittelgroße** Genossenschaften ermittelt. Für diese gibt es ebenfalls Erleichterungen z. B. bei der Gewinn- und Verlustrechnung, beginnend mit dem Rohergebnis § 276; weniger Angaben im Anhang § 288 S. 2; verkürzte Offenlegung § 327, Einreichung zum Genossenschaftsregister. **4**

Zur Bedeutung der Größenklassen für die Rechnungslegung und bei der Offenlegung von **Wohnungsgenossenschaften** s. Rdn. 7, 8, 11 und 12 zu § 330 HGB im Anhang zu § 33 GenG und GGW „Erläuterungen" Anlage 1/Größenklassen, S. 3. **5**

## § 268 HGB

### Vorschriften zu einzelnen Posten der Bilanz, Bilanzvermerke

**(1) Die Bilanz darf auch unter Berücksichtigung der vollständigen oder teilweisen Verwendung des Jahresergebnisses aufgestellt werden. Wird die Bilanz unter Berücksichtigung der teilweisen Verwendung des Jahresergebnisses aufgestellt, so tritt an die Stelle der Posten „Jahresüberschuß/Jahresfehlbetrag" und „Gewinnvortrag/Verlustvortrag" der Posten „Bilanzgewinn/Bilanzverlust"; ein vorhandener Gewinn- und Verlustvortrag ist in den Posten „Bilanzgewinn/Bilanzverlust" einzubeziehen und in der Bilanz oder im Anhang gesondert anzugeben.**

**(2) In der Bilanz oder im Anhang ist die Entwicklung der einzelnen Posten des Anlagevermögens und des Postens „Aufwendungen für die Ingangsetzung und Erweiterung des Geschäftsbetriebs" darzustellen. Dabei sind, ausgehend von den gesamten Anschaffungs- und Herstellungskosten, die Zugänge, Abgänge, Umbuchungen und Zuschreibungen des Geschäftsjahrs sowie die Abschreibungen in ihrer gesamten Höhe gesondert aufzuführen. Die Abschreibungen des Geschäftsjahrs sind entweder in der Bilanz bei dem betreffenden Posten zu vermerken oder im Anhang in einer der Gliederung des Anlagevermögens entsprechenden Aufgliederung anzugehen.**

**(3) Ist das Eigenkapital durch Verluste aufgebraucht und ergibt sich ein Überschuß der Passivposten über die Aktivposten, so ist dieser Betrag am Schluß der Bilanz auf der Aktivseite gesondert unter der Bezeichnung „Nicht durch Eigenkapital gedeckter Fehlbetrag" auszuweisen.**

**(4) Der Betrag der Forderungen mit einer Restlaufzeit von mehr als einem Jahr ist bei jedem gesondert ausgewiesenen Posten zu vermerken. Werden unter dem Posten „sonstige Vermögensgegenstände" Beträge für Vermögensgegenstände ausgewiesen, die erst nach dem Abschlußstichtag rechtlich entstehen, so müssen Beträge, die einen größeren Umfang haben, im Anhang erläutert werden.**

**(5) Der Betrag der Verbindlichkeiten mit einer Restlaufzeit bis zu einem Jahr ist bei jedem gesondert ausgewiesenen Posten zu vermerken. Erhaltene Anzahlungen auf Be-**

**stellungen sind, soweit Anzahlungen auf Vorräte nicht von dem Posten „Vorräte" offen abgesetzt werden, unter den Verbindlichkeiten gesondert auszuweisen. Sind unter dem Posten „Verbindlichkeiten" Beträge für Verbindlichkeiten ausgewiesen, die erst nach dem Abschlußstichtag rechtlich entstehen, so müssen Beträge, die einen größeren Umfang haben, im Anhang erläutert werden.**

**(6) Ein nach § 250 Abs. 3 in den Rechnungsabgrenzungsposten auf der Aktivseite aufgenommener Unterschiedsbetrag ist in der Bilanz gesondert auszuweisen oder im Anhang anzugeben.**

**(7) Die in § 251 bezeichneten Haftungsverhältnisse sind jeweils gesondert unter der Bilanz oder im Anhang unter Angabe der gewährten Pfandrechte und sonstigen Sicherheiten anzugeben; bestehen solche Verpflichtungen gegenüber verbundenen Unternehmen, so sind sie gesondert anzugeben.**

**1** Nach Abs. 1 Satz 1 dieser Vorschrift darf die Bilanz auch unter Berücksichtigung der vollständigen oder teilweisen **Verwendung des Jahresergebnisses** aufgestellt werden; in die Bilanz ist dann der Posten Bilanzgewinn/Bilanzverlust einzustellen (Abs. 1 Satz 2). Siehe hierzu § 266 HGB Rdn. 49.

**2** Abs. 2 verlangt das Führen eines sogenannten **Anlagespiegels** (auch **Anlagengitter** genannt). Er ist auf der Aktivseite oder im **Anhang** darzustellen. Stets sind auch aktivierte Aufwendungen für die Ingangsetzung und Erweiterung des Geschäftsbetriebs (hierzu § 269 HGB und die dortigen Erläuterungen) in den Anlagespiegel miteinzubeziehen.

**2a** Für **Wohnungsgenossenschaften** hat der Gesamtverband gemeinnütziger Wohnungsunternehmen zum Anhang einen Strukturierungsvorschlag sowie einen Vordruck entwickelt, s. i. E. Rdn. 16 zu § 330 HGB im Anhang zu § 33 GenG.

**3** Abs. 2 Satz 2 verlangt einen **Brutto**anlagespiegel, der statt vom Buchwert zu Beginn des Geschäftsjahres von den gesamten Anschaffungs- und Herstellungskosten der Vermögensgegenstände ausgeht (zu den Anschaffungs- und Herstellungskosten siehe § 255 HGB; siehe auch § 264 Rdn. 25 ff).

**Abschreibungen** des Geschäftsjahres (nicht kumulierte Abschreibungen — diese sind in den Anlagespiegel aufzunehmen) sind nach Maßgabe des Abs. 2 Satz 3 in der Bilanz zu vermerken oder im Anhang anzugeben (zu den Abschreibungen im einzelnen vgl. ausführlich Jahresabschluß der Waren- und Dienstleistungsgenossenschaften Teil B Aktivseite A S. 16 ff).

**4** Nach Abs. 3 ist am Schluß der Aktivseite ein eventuell nicht durch Eigenkapital gedeckter **Fehlbetrag** (also ein Überschuß der Passivposten über die Aktivposten) auszuweisen. Diese Vorschrift durchbricht die vom Gesetzgeber beabsichtigte Systematik, auf der Passivseite der Bilanz unter A. 1—5 das gesamte Eigenkapitel einer Genossenschaft zu erfassen. Allerdings ist nur im Falle eines das **gesamte** Eigenkapital übersteigenden Fehlbetrags dieser Ausweis auf der Aktivseite am Schluß erforderlich. So soll dem ungeübten Leser das Lesen der Bilanz erleichtert werden. Ein Verlustvortrag oder ein Jahresfehlbetrag ist auf der Passivseite unter A. 1—5 auszuweisen. Im übrigen zeigt der Posten „nicht durch Eigenkapital gedeckter Fehlbetrag" nur die buchmäßige Überschuldung des Unternehmens.

Nach Abs. 4 Satz 1 muß bei jedem gesondert ausgewiesenen Posten der Betrag der Forderungen mit einer Restlaufzeit von **mehr als einem Jahr** vermerkt werden. Diese Vorschrift bezweckt, die Finanzlage im Jahresabschluß deutlicher als bisher darzustellen. **5**

Gleiches gilt nach Abs. 5 Satz 1 für Verbindlichkeiten mit einer Restlaufzeit **bis zu einem Jahr** bezüglich der Passivseite C. **6**

Der Gesamtbetrag der Verbindlichkeiten mit Restlaufzeit von **über 5 Jahren** und der dinglich gesicherten Verbindlichkeiten ist im Anhang anzugeben (§ 285 Nr. 1 a).

Abs. 5 Satz 2 erlaubt, **erhaltene Anzahlungen** auf aktivierte Vorräte von diesen (Aktivseite B I) offen abzusetzen. Im übrigen sind erhaltene Anzahlungen auf Bestellungen unter Verbindlichkeiten gesondert auszuweisen (Passivseite C 3). Abs. 5 Satz 3 betrifft **Aufwendungen** vor dem Abschlußstichtag, die erst nach diesem Tag rechtlich entstehen, aber Aufwand des Geschäftsjahres darstellen. Sie sind, sofern sie einen größeren Umfang haben, im Anhang zu erläutern. Diese Vorschrift entspricht für die Aktivseite Abs. 4 Satz 2. **7**

Nach Abs. 6 ist das **Disagio,** falls es nach § 250 Abs. 3 HGB als aktiver Rechnungsabgrenzungsposten aufgenommen wird, entweder in der Bilanz gesondert auszuweisen oder im Anhang anzugeben. **8**

Die in § 251 HGB (entspricht § 33e Abs. 2 GenG a. F.) genannten **Haftungsverhältnisse** sind wie bisher unter dem Bilanzstrich anzugeben. Zu diesen Verbindlichkeiten gehören auch Bürgschaften im Rahmen des Garantieverbundes. Sie sind in voller Höhe einzusetzen. Dies gilt auch dann, wenn ihnen gleichwertige Rückgriffsforderungen gegenüberstehen, diese brauchen selbst nicht auf der Aktivseite vermerkt zu werden (WP-Handbuch 1981, S. 779). **9**

Der **Vermerk** ist sowohl unter der Bilanz als auch in einer Vorspalte auf der Passivseite der Bilanz zulässig (WP-Handbuch 1981 S. 779; Müller, § 33e Rdn. 15). Es ist der jeweils verbürgte Betrag zu vermerken; bei teilweiser Tilgung verringert sich die zu vermerkende Bürgschaftsverbindlichkeit. Muß ernstlich mit einer Inanspruchnahme gerechnet werden, ist ein Vermerk unter dem Strich nicht mehr zulässig; es muß der voraussichtlich zu zahlende Betrag passiviert werden (Rückstellung). **10**

Auch **Delkredereverpflichtungen** der Warengenossenschaften aus Vermittlungsgeschäften fallen unter den Begriff der Garantieverträge und sind, soweit sie nicht als Verbindlichkeiten passiviert sind, entsprechend auszuweisen. **11**

Gleiches gilt für **Patronatserklärungen,** soweit sie eine echte Eventualverbindlichkeit darstellen; anderenfalls sind sie ggfs. im Geschäftsbericht (dort im Erläuterungsbericht) zu erwähnen (vgl. hierzu ausführlich Schaffland, BB **12**

1977, 1021 ff sowie Mösel, DB 1979, 1469 ff; Obermüller, ZIP 1982, 915; Schröder, ZGR 1982, 552).

**13** Verpflichtungen aus **Besserungsscheinen** sind in den **Anhang** aufzunehmen (hierzu § 285 HGB Rdn. 5 im Anhang zu § 33)

**14** Gewährleistungen für **eigene** Leistungen sind in den **Anhang** aufzunehmen (§ 285 HGB Rdn. 5 im Anhang zu § 33).

**15** Zur Darstellung des Anlagenspiegels von **Wohnungsgenossenschaften** s. GGW „Erläuterungen", Anhang/Anlagenspiegel, Teil C S. 147 ff, 155 und Anlage 2, S. 1—7.

## § 269 HGB

### Aufwendungen für die Ingangsetzung und Erweiterung des Geschäftsbetriebs

**Die Aufwendungen für die Ingangsetzung des Geschäftsbetriebs und dessen Erweiterung dürfen, soweit sie nicht bilanzierungsfähig sind, als Bilanzierungshilfe aktiviert werden; der Posten ist in der Bilanz unter der Bezeichnung „Aufwendungen für die Ingangsetzung und Erweiterung des Geschäftsbetriebs" vor dem Anlagevermögen auszuweisen und im Anhang zu erläutern. Werden solche Aufwendungen in der Bilanz ausgewiesen, so dürfen Gewinne nur ausgeschüttet werden, wenn die nach der Ausschüttung verbleibenden jederzeit auflösbaren Gewinnrücklagen zuzüglich eines Gewinnvortrags und abzüglich eines Verlustvortrags dem angesetzten Betrag mindestens entsprechen.**

**1** Diese Vorschrift läßt die Aktivierung von sonst nicht bilanzierungsfähigen Aufwendungen (siehe § 248 Abs. 1 HGB für Einzelkaufleute und Personengesellschaften) für die **Ingangsetzung und Erweiterung** des Geschäftsbetriebs als **Bilanzierungshilfe** zu.

**2** Zu diesen **Aufwendungen** gehören alle für den Aufbau der Innen- und Außenorganisation sowie der Ingangsetzung und zwar nicht nur bei der Gründung der Genossenschaft, sondern auch bei späteren Erweiterungen des Geschäftsbetriebs, z. B. Kosten des Aufbaus einer Vertriebsorganisation, der Beschaffung von Arbeitskräften für Organisationsgutachten und Marktstudien, Einführungswerbung bei Aufnahme neuer Betriebszweige und Kosten neuer Produktionseinrichtungen sowie neuer Standorte (Jahresabschluß der Waren- und Dienstleistungsgenossenschaften, Teil B. Aktivseite 0).

**3** Nach Satz 2 dieser Vorschrift dürfen **Gewinne** nur ausgeschüttet werden, wenn die nach der Ausschüttung verbleibenden jederzeit auflösbaren Ergebnisrücklagen zuzüglich eines Gewinnvortrages und abzüglich eines Verlustvortrages dem aktivierten Betrag mindestens entsprechen.

**4** Bezüglich der **Abschreibungen** siehe § 282 i. V. m. § 336 HGB und die dortigen Erläuterungen.

### § 270 HGB

**Bildung bestimmter Posten**

**(1) Einstellungen in die Kapitalrücklage und deren Auflösung sind bereits bei der Aufstellung der Bilanz vorzunehmen. Satz 1 ist auf Einstellungen in den Sonderposten mit Rücklageanteil und dessen Auflösung anzuwenden.**

**(2) Wird die Bilanz unter Berücksichtigung der vollständigen oder teilweisen Verwendung des Jahresergebnisses aufgestellt, so sind Entnahmen aus Gewinnrücklagen sowie Einstellungen in Gewinnrücklagen, die nach Gesetz, Gesellschaftsvertrag oder Satzung vorzunehmen sind oder auf Grund solcher Vorschriften beschlossen worden sind, bereits bei der Aufstellung der Bilanz zu berücksichtigen.**

Veränderungen der Kapitalrücklage (§ 272 Abs. 2) sind bereits bei der Aufstellung der Bilanz vorzunehmen, also vom Vorstand (§ 336 Abs. 1 HGB). Gleiches gilt für Sonderposten mit Rücklageanteil (§§ 247 Abs. 3, 273 HGB).

### § 271 HGB

**Beteiligungen. Verbundene Unternehmen**

**(1) Beteiligungen sind Anteile an anderen Unternehmen, die bestimmt sind, dem eigenen Geschäftsbetrieb durch Herstellung einer dauernden Verbindung zu jenen Unternehmen zu dienen. Dabei ist es unerheblich, ob die Anteile in Wertpapieren verbrieft sind oder nicht. Als Beteiligung gelten im Zweifel Anteile an einer Kapitalgesellschaft, deren Nennbeträge insgesamt den fünften Teil des Nennkapitals dieser Gesellschaft überschreiten. Auf die Berechnung ist § 16 Abs. 2 und 4 des Aktiengesetzes entsprechend anzuwenden. Die Mitgliedschaft in einer eingetragenen Genossenschaft gilt nicht als Beteiligung im Sinne dieses Buches.**

**(2) Verbundene Unternehmen im Sinne dieses Buches sind solche Unternehmen, die als Mutter- oder Tochterunternehmen (§ 290) in den Konzernabschluß eines Mutterunternehmens nach den Vorschriften über die Vollkonsolidierung einzubeziehen sind, das als oberstes Mutterunternehmen den am weitestgehenden Konzernabschluß nach dem Zweiten Unterabschnitt aufzustellen hat, auch wenn die Aufstellung unterbleibt, oder das einen befreienden Konzernabschluß nach § 291 oder nach einer nach § 292 erlassenen Rechtsverordnung aufstellt oder aufstellen könnte; Tochterunternehmen, die nach § 295 oder § 296 nicht einbezogen werden, sind ebenfalls verbundene Unternehmen.**

Abs. 1 Satz 1 definiert die Beteiligung für die Jahresabschlüsse aller Kapi- **1**
talgesellschaften und der eingetragenen Genossenschaften. Der Anteilsbesitz muß der Herstellung einer **dauernden Verbindung** zu einem anderen Unternehmen zu dienen bestimmt sein. In jedem Fall muß ein Gesellschaftsverhältnis vorliegen, ein partiarisches Darlehen mit Einwirkungsrechten genügt nicht. Notwendig ist in jedem Falle eine Beteiligungsabsicht, die in erster Linie aus den objektiven Umständen zu entnehmen ist. Es genügt nicht die Beteiligungsabsicht aus Anlage- und Renditegründen, sondern eine **Beteiligungsabsicht zu unternehmerischen Zwecken** ist erforderlich. Zur Bilanzierung von Beteiligungen vgl. § 266 Rdn. 11 ff.

2 Abs. 2 bringt eine auf das Dritte Buch des HGB beschränkte Definition der **verbundenen Unternehmen,** die von § 15 AktG abweicht. Der Begriff gilt im Rahmen der Rechnungslegung sowohl für den Einzelabschluß als auch für den Konzernabschluß (zum Begriff der Beteiligungen, Beteiligungsunternehmen und verbundenen Unternehmen vgl. ausführlich Jahresabschluß der Waren- und Dienstleistungsgenossenschaften Teil A VI).

## § 272 HGB
## Eigenkapital

**(1) Gezeichnetes Kapital ist das Kapital, auf das die Haftung der Gesellschafter für die Verbindlichkeiten der Kapitalgesellschaft gegenüber den Gläubigern beschränkt ist. Die ausstehenden Einlagen auf das gezeichnete Kapital sind auf der Aktivseite vor dem Anlagevermögen gesondert auszuweisen und entsprechend zu bezeichnen; die davon eingeforderten Einlagen sind zu vermerken. Die nicht eingeforderten ausstehenden Einlagen dürfen auch von dem Posten „Gezeichnetes Kapital" offen abgesetzt werden; in diesem Falle ist der verbleibende Betrag als Posten „Eingefordertes Kapital" in der Hauptspalte der Passivseite auszuweisen und ist außerdem der eingeforderte, aber noch nicht eingezahlte Betrag unter den Forderungen gesondert auszuweisen und entsprechend zu bezeichnen.**

**(2) Als Kapitalrücklage sind auszuweisen**

1. **der Betrag, der bei der Ausgabe von Anteilen einschließlich von Bezugsanteilen über den Nennbetrag hinaus erzielt wird;**
2. **der Betrag, der bei der Ausgabe von Schuldverschreibungen für Wandlungsrechte und Optionsrechte zum Erwerb von Anteilen erzielt wird;**
3. **der Betrag von Zuzahlungen, die Gesellschafter gegen Gewährung eines Vorzugs für ihre Anteile leisten;**
4. **der Betrag von anderen Zuzahlungen, die Gesellschafter in das Eigenkapital leisten.**

**(3) Als Gewinnrücklagen dürfen nur Beträge ausgewiesen werden, die im Geschäftsjahr oder in einem früheren Geschäftsjahr aus dem Ergebnis gebildet worden sind. Dazu gehören aus dem Ergebnis zu bildende gesetzliche oder auf Gesellschaftsvertrag oder Satzung beruhende Rücklagen und andere Gewinnrücklagen.**

**(4) In eine Rücklage für eigene Anteile ist ein Betrag einzustellen, der dem auf der Aktivseite der Bilanz für die eigenen Anteile anzusetzenden Betrag entspricht. Die Rücklage darf nur aufgelöst werden, soweit die eigenen Anteile ausgegeben, veräußert oder eingezogen werden oder soweit nach § 253 Abs. 3 auf der aktivseite ein niedrigerer Betrag angesetzt wird. Die Rücklage, die bereits bei der Aufstellung der Bilanz vorzunehmen ist, darf aus vorhandenen Gewinnrücklagen gebildet werden, soweit diese frei verfügbar sind. Die Rücklage nach Satz 1 ist auch für Anteile eines herrschenden oder eines mit Mehrheit beteiligten Unternehmens zu bilden.**

1 Der Begriff des „gezeichneten Kapitals" ist gleichbedeutend mit den bisherigen Begriffen Grundkapital oder Stammkapital. Die neue Bezeichnung soll verdeutlichen, daß es sich um gezeichnetes, nicht notwendig eingezahltes Kapital handelt.

2 Hinsichtlich der Kapitalrücklage (Abs. 2) siehe § 266 HGB Rdn. 44.

Zu den Ergebnisrücklagen vgl. § 266 HGB Rdn. 45 ff. 3

Eine Rücklage für eigene Anteile (Abs. 4) gibt es bei Genossenschaften nicht. 4

### § 273 HGB
### Sonderposten mit Rücklageanteil

**Der Sonderposten mit Rücklageanteil (§ 247 Abs. 3) darf nur insoweit gebildet werden, als das Steuerrecht die Anerkennung des Wertansatzes bei der steuerrechtlichen Gewinnermittlung davon abhängig macht, daß der Sonderposten in der Bilanz gebildet wird. Er ist auf der Passivseite vor den Rückstellungen auszuweisen; die Vorschriften, nach denen er gebildet worden ist, sind in der Bilanz oder im Anhang anzugeben.**

Sonderposten mit Rücklageanteil (§ 247 Abs. 3 HGB) dürfen nur noch gebildet werden, wenn der steuerrechtliche Wertansatz von der Bildung des Sonderpostens in der Handelsbilanz abhängt. Zu den Sonderposten mit Rücklageanteil gehören insbesondere die

— Rücklage gemäß § 6 b EStG
— Rücklage für Ersatzbeschaffung (Abschnitt 35 EStR)
— Rücklage aufgrund der Umstellung der Pensionsrückstellung nach § 52 Abs. 5 EStG
— Rücklage für Zuschüsse nach Abschnitt 34 Abs. 3 EStR

(Vgl. auch § 266 Rdn. 50; siehe auch Jahresabschluß der Waren- und Dienstleistungsgenossenschaften Teil B Passivseite B).

### § 274 HGB
### Steuerabgrenzung

**(1) Ist der dem Geschäftsjahr und früheren Geschäftsjahren zuzurechnende Steueraufwand zu niedrig, weil der nach den steuerrechtlichen Vorschriften zu versteuernde Gewinn niedriger als das handelsrechtliche Ergebnis ist, und gleicht sich der zu niedrige Steueraufwand des Geschäftsjahrs und früherer Geschäftsjahre in späteren Geschäftsjahren voraussichtlich aus, so ist in Höhe der voraussichtlichen Steuerbelastung nachfolgender Geschäftsjahre eine Rückstellung nach § 249 Abs. 1 Satz 1 zu bilden und in der Bilanz oder im Anhang gesondert anzugeben. Die Rückstellung ist aufzulösen, sobald die höhere Steuerbelastung eintritt oder mit ihr voraussichtlich nicht mehr zu rechnen ist.**

**(2) Ist der dem Geschäftsjahr und früheren Geschäftsjahren zuzurechnende Steueraufwand zu hoch, weil der nach den steuerrechtlichen Vorschriften zu versteuernde Gewinn höher als das handelsrechtliche Ergebnis ist, und gleicht sich der zu hohe Steueraufwand des Geschäftsjahrs und früherer Geschäftsjahre in späteren Geschäftsjahren voraussichtlich aus, so darf in Höhe der vorausichtlichen Steuerentlastung nachfolgender Geschäftsjahre ein Abgrenzungsposten als Bilanzierungshilfe auf der Aktivseite der Bilanz gebildet werden. Dieser Posten ist unter entsprechender Bezeichnung gesondert auszuweisen und im Anhang zu erläutern. Wird ein solcher Posten ausgewiesen, so dürfen Gewinne nur ausgeschüttet werden, wenn die nach der Ausschüttung verbleiben-**

**den jederzeit auflösbaren Gewinnrücklagen zuzüglich eines Gewinnvortrags und abzüglich eines Verlustvortrags dem angesetzten Betrag mindestens entsprechen. Der Betrag ist aufzulösen, sobald die Steuerentlastung eintritt oder mit ihr voraussichtlich nicht mehr zu rechnen ist.**

1 Nach Abs. 1 Satz 1 ist im Falle künftiger Steuerbelastung bei Periodenverschiebung eine Rückstellung zu bilden und gesondert anzugeben (Rückstellung für Steuerabgrenzung (**latente Steuern**)). Voraussetzung ist, daß der dem Geschäftsjahr und früheren Geschäftsjahren zuzurechnende Steuerbilanzgewinn niedriger ist als der Handelsbilanzgewinn und damit der Steueraufwand zu niedrig ist und daß sich diese Differenz später voraussichtlich ausgleicht. Es ist nach h. M. (Niehus/Scholz in Meyer-Landrut/Miller/Niehus, GmbHG, Anhang zu §§ 41, 42: §§ 238—335 Rdn. 574; Baumbach/Duden/Hopt, HGB, § 274 Anm. 1 A) eine Gesamtbetrachtung vorzunehmen, d. h. also keine Aufschlüsselung zu jedem einzelnen Posten. Bei dieser Gesamtbetrachtung werden auch die latenten Steueraufwände (Abs. 1) und die latenten Steuererträge (Abs. 2) saldiert (vgl. im einzelnen Baumbach/Duden/Hopt, HGB § 274 Anm. 1 A).

2 Abs. 2 Satz 1 erlaubt erstmals die aktivische Steuerabgrenzung in Form einer **Bilanzierungshilfe.** Hierbei ist durch Abs. 2 Satz 3 eine Gewinnausschüttungssperre vorgesehen, durch die sichergestellt werden soll, daß die Aktivierung nicht zur Gewinnausschüttung mißbraucht wird.

## § 275 HGB

### Gliederung der Gewinn- und Verlustrechnung

**(1) Die Gewinn- und Verlustrechnung ist in Staffelform nach dem Gesamtkostenverfahren oder dem Umsatzkostenverfahren aufzustellen. Dabei sind die in Absatz 2 oder 3 bezeichneten Posten in der angegebenen Reihenfolge gesondert auszuweisen.**

**(2) Bei Anwendung des Gesamtkostenverfahrens sind auszuweisen:**

**1. Umsatzerlöse**

**2. Erhöhung oder Verminderung des Bestands an fertigen und unfertigen Erzeugnissen**

**3. andere aktivierte Eigenleistungen**

**4. sonstige betriebliche Erträge**

**5. Materialaufwand:**

**a) Aufwendungen für Roh-, Hilfs- und Betriebsstoffe und für bezogene Waren**

**b) Aufwendungen für bezogene Leistungen**

**6. Personalaufwand:**

**a) Löhne und Gehälter**

**b) soziale Abgaben und Aufwendungen für Altersversorgung und für Unterstützung,**
**davon für Altersversorgung**

**7. Abschreibungen:**

**a) auf immaterielle Vermögensgegenstände des Anlagevermögens und Sachanlagen sowie auf aktivierte Aufwendungen für die Ingangsetzung und Erweiterung des Geschäftsbetriebs**

**b) auf Vermögensgegenstände des Umlaufvermögens, soweit diese die in der Kapitalgesellschaft üblichen Abschreibungen überschreiten**

**8. sonstige betriebliche Aufwendungen**
**9. Erträge aus Beteiligungen,**
**davon aus verbundenen Unternehmen**
**10. Erträge aus anderen Wertpapieren und Ausleihungen des Finanzanlagevermögens,**
**davon aus verbundenen Unternehmen**
**11. sonstige Zinsen und ähnliche Erträge,**
**davon aus verbundenen Unternehmen**
**12. Abschreibungen auf Finanzanlagen und auf Wertpapiere des Umlaufvermögens**
**13. Zinsen und ähnliche Aufwendungen,**
**davon an verbundene Unternehmen**
**14. Ergebnis der gewöhnlichen Geschäftstätigkeit**
**15. außerordentliche Erträge**
**16. außerordentliche Aufwendungen**
**17. außerordentliches Ergebnis**
**18. Steuern vom Einkommen und vom Ertrag**
**19. sonstige Steuern**
**20. Jahresüberschuß/Jahresfehlbetrag.**

**(3) Bei Anwendung des Umsatzkostenverfahrens sind auszuweisen:**

**1. Umsatzerlöse**
**2. Herstellungskosten der zur Erzielung der Umsatzerlöse erbrachten Leistungen**
**3. Bruttoergebnis vom Umsatz**
**4. Vertriebskosten**
**5. allgemeine Verwaltungskosten**
**6. sonstige betriebliche Erträge**
**7. sonstige betriebliche Aufwendungen**
**8. Erträge aus Beteiligungen,**
**davon aus verbundenen Unternehmen**
**9. Erträge aus anderen Wertpapieren und Ausleihungen des Finanzanlagevermögens,**
**davon aus verbundenen Unternehmen**
**10. sonstige Zinsen und ähnliche Erträge,**
**davon aus verbundenen Unternehmen**
**11. Abschreibungen auf Finanzanlagen und auf Wertpapiere des Umlaufvermögens**
**12. Zinsen und ähnliche Aufwendungen,**
**davon an verbundene Unternehmen**
**13. Ergebnis der gewöhnlichen Geschäftstätigkeit**
**14. außerordentliche Erträge**
**15. außerordentliche Aufwendungen**
**16. außerordentliches Ergebnis**
**17. Steuern vom Einkommen und vom Ertrag**
**18. sonstige Steuern**
**19. Jahresüberschuß/Jahresfehlbetrag.**

**(4) Veränderungen der Kapital- und Gewinnrücklagen dürfen in der Gewinn- und Verlustrechnung erst nach dem Posten „Jahresüberschuß/Jahresfehlbetrag" ausgewiesen werden.**

*Übersicht*



## I. Vorbemerkungen

1 Die Gewinn- und Verlustrechnung ist als Teil des Jahresabschlusses klar und übersichtlich aufzustellen (§ 243 Abs. 2 HGB); sie soll ein den **tatsächlichen Verhältnissen** entsprechendes Bild der Ertragslage der Genossenschaft vermitteln (§ 264 Abs. 2 HGB).

2 Grundsätzlich gilt das **Brutto-**Prinzip, d. h. keine Kürzungsmöglichkeit der Umsatzerlöse um die Aufwendungen. Für kleine und mittelgroße Genossenschaften besteht jedoch insoweit nach § 276 eine Erleichterung.

3 Die in § 265 enthaltenen **Gliederungsgrundsätze** sind auch hier zu beachten (vgl. im einzelnen Erläuterungen zu § 265 HGB).

4 Durch Abs. 1 Satz 1 wird die **Staffelform** zwingend vorgeschrieben. Die Genossenschaft hat im übrigen die Wahl zwischen dem Gesamtkostenverfahren (Abs. 2) oder dem Umsatzkostenverfahren (Abs. 3).

5 Das **Gesamtkostenverfahren** gliedert die Aufwendungen und Umsatzerlöse der Art nach auf, ohne die Beziehungen zwischen Kosten und Leistungen aufzuzeigen. Das **Umsatzkostenverfahren** stellt demgegenüber den Umsatzerlösen, die auf die Umsätze entfallenden Kosten gegenüber. Zu den Verfahren, zu ihren Vor- und Nachteilen vgl. Jahresabschluß der Waren- und Dienstleistungsgenossenschaften Teil C S. 2.

5a **Wohnungsgenossenschaften** haben bei der Aufstellung der GuV-Rechnung die nach § 1 Abs. 1 Formblatt-VO vorgeschriebene, von § 275 Abs. 2, 3 HGB **abweichende Gliederung** zu beachten und das unter Berücksichtigung dieser Vorschrift entwickelte Formblatt des Gesamtverbandes gemeinnütziger Wohnungsunternehmen zu verwenden. Dieses gliedert nach dem von den Wohnungsgenossenschaften seit Erlaß der Formblatt-VO 1970 mehrheitlich angewendeten Gesamtkostenverfahren (s. i. E. GGW „Erläuterungen", Anlage 5/Formblatt-VO, S. 10 ff, Anlage 6/Vordrucke S. 6 ff, Teil C/GuV, S. 94 ff ferner Rdn. 7 zu § 330 HGB im Anhang zu § 33 GenG).

## II. Gesamtkostenverfahren

6 Zum Begriff der **Umsatzerlöse (II.1)** vgl. den Wortlaut des § 277 Abs. 1 HGB. Der Ausweis muß netto ohne Umsatzsteuer erfolgen. In die Umsatzerlöse sind die gesondert berechnete Fracht, Verpackung und andere Zuschläge sowie preisauffüllende öffentliche Zuschüsse einzubeziehen. Die **Erhöhung oder Verminderung des Bestands an fertigen und unfertigen Erzeugnissen**

**(II.2)** sind Bestandsveränderungen im Sinne des § 277 Abs. 2. Sie umfassen Mengen und Wertänderungen sowie die üblichen Abschreibungen. Unübliche Abschreibungen fallen unter II.7.b. Unter den **anderen aktivierten Eigenleistungen (II.3)** werden die Gegenposten aus der Aktivierung selbsterstellter Anlagen erfaßt. Nachträgliche aktivierte Eigenleistungen sind unter dem Posten II.4 auszuweisen (vgl. Rdn. 7).

Die **sonstigen betrieblichen Erträge (II.4)** sind ein Sammelposten für alle Erträge aus der gewöhnlichen Geschäftstätigkeit, die nicht unter Nr. 1—3, 9—11 fallen. Auch periodenfremde Erträge können dazu gehören. Hierzu gehören z. B. Erträge aus Abgängen und Zuschreibungen im Anlagevermögen, Erträge aus der Auflösung von Rückstellungen, Auflösungen und Einzelwertberichtigungen auf Forderungen, Erträge aus der Herabsetzung der Pauschalwertberichtigung auf Forderungen (vgl. im einzelnen die ausführliche Auflistung im Jahresabschluß der Waren- und Dienstleistungsgenossenschaften Teil C.4). **7**

Der **Materialaufwand (II.5)** errechnet sich aus dem Wareneinkauf plus/minus Bestandsveränderungen einschließlich Mengendifferenzen, übliche Wertabschläge und sonstige Bewertungsabweichungen. Die Bestände sind mit dem Bilanzwert anzusetzen, also unter Berücksichtigung der Abschreibungen nach II.7. Bei den Aufwendungen für bezogene Leistungen muß es sich um Fremdleistungen, z. B. Werklöhne, die an Dritte zu zahlen sind, handeln. **8**

Zum **Personalaufwand (II.6)** zählen in erster Linie die Löhne und Gehälter sowie die Sozialabgaben. **9**

Unter **Löhne** und **Gehälter** sind alle Zahlungen und Sachleistungen (z. B. Dienstwagen, -wohnung) zu verstehen, die an Arbeiter, Angestellte der Genossenschaft und Mitglieder des Vorstands während des Geschäftsjahres entrichtet wurden, ganz gleich für welche Arbeit, in welcher Form und unter welcher Bezeichnung sie erbracht wurden (Adler/Düring/Schmaltz, AktG, § 157 Rdn. 137). Auszuweisen ist der Bruttobetrag der Löhne und Gehälter, d. h. der Betrag vor Abzug der Steuern und Sozialabgaben (soweit diese vom Arbeitnehmer zu tragen sind; die Anteile des Arbeitgebers an den Sozialabgaben fallen unter I.6 b). Zu den Löhnen und Gehältern zählen auch alle Nebenbezüge, z. B. Gratifikationen, Trennungs- und Aufwandsentschädigung, Überstunden und Urlaubsvergütungen, Weihnachtsgelder, Gewinnbeteiligungen, Arbeitnehmer- und Erfindervergütungen. Dagegen gehören nicht hierher die Aufwendungen für die Aufsichtsratsmitglieder, da diese nicht in einem Angestelltenverhältnis zur Genossenschaft stehen. **10**

**Sozialabgaben** sind nur die gesetzlich von der Genossenschaft zu tragenden sozialen Versicherungsbeiträge (Arbeitgeberanteile); hierunter fallen die Beiträge der Genossenschaft für ihre Belegschaftsmitglieder an die Sozialversicherung sowie an die Berufsgenossenschaft. Auch die Beiträge zur Insolvenz- **11**

sicherung von betrieblichen Versorgungszusagen an den Pensionssicherungsverein sollten grundsätzlich hierunter ausgewiesen werden (vgl. WP-Handbuch 1981 S. 801). Auch gegen den Ausweis von Firmenbeiträgen zur sog. befreienden Lebensversicherung bestehen im Hinblick auf den Ersatzcharakter dieser Leistungen keine Einwendungen (Adler/Düring/Schmaltz, AktG, § 157 Rdn. 150; Kropff in Geßler/Hefermehl/Eckardt/Kropff, AktG, § 157 Rdn. 114; WP-Handbuch 1981 S. 801).

**12** Zu den **Abschreibungen (II.7)** gehören auch die Abschreibungen auf die aktivierten Aufwendungen für die Ingangsetzung und Erweiterung des Geschäftsbetriebs (hierzu § 269 HGB und die dortigen Erläuterungen sowie § 268 Abs. 2 HGB und die dortigen Erläuterungen). Abschreibungen auf Finanzanlagen fallen unter II.12. Veräußerungsverluste bzw. sonstiger Abgang sind keine Abschreibungen, sondern fallen unter II.8.

**13** Die **sonstigen Aufwendungen (II.8)** sind ein Sammelposten für alle Aufwendungen der gewöhnlichen Geschäftstätigkeit, die nicht unter Nr. 5—7, 12, 13 fallen. Hierunter fallen z. B. Verluste aus dem Abgang von Umlaufvermögen außer Vorräten, aus dem Abgang von Anlagevermögen, Sachaufwendungen, Kursverluste, Abschreibungen und Zuführungen zu Wertberichtigungen auf Forderungen und sonstige Vermögensgegenstände, Aufwendungen für Verpflichtungen aus Sanierungen gegen Besserungsschein (vgl. die ausführliche Auflistung im Jahresabschluß der Waren- und Dienstleistungsgenossenschaften Teil C.8. S. 17—19).

**14** Zu den **Erträgen aus Beteiligungen und Geschäftsguthaben (II.9)** zählen Dividenden und andere Gewinnanteile, Erträge aus Beherrschungsverträgen. Die Erträge sind im Jahr des Zufließens mit den Bruttobeträgen auszuweisen. Erträge aus verbundenen Unternehmen sind gesondert zu vermerken.

**15** Zu den **Erträgen aus anderen Wertpapieren und Ausleihungen des Finanzanlagevermögens (II.10)** gehören die Erträge des Finanzanlagevermögens, soweit es nicht Beteiligungen betrifft (diese sind in II. Nr. 9 aufzunehmen). Hierunter fallen auch Erträge aus periodischer Aufzinsung abgezinster langfristiger Ausleihungen (WP-Handbuch 1985 I. S. 662). Die Erträge sind brutto auszuweisen; eine Saldierung mit Aufwendungen für Finanzanlagen ist nicht zulässig. Erträge aus verbundenen Unternehmen sind gesondert zu vermerken.

**16** Unter den **sonstigen Zinsen und ähnlichen Erträgen (II.11)** sind die Erträge zu erfassen, die nicht unter II.9 oder 10 auszuweisen sind. Hierzu zählen u. a. Zinsen für Bankguthaben, Bürgschaftsprovisionen, Agio, Disagio. Eine Saldierung von Zinserträgen und -aufwendungen ist unzulässig; die Zinsaufwendungen fallen unter II.13. Erträge aus verbundenen Unternehmen sind gesondert zu vermerken.

**Abschreibungen auf Finanzanlagen und auf Wertpapiere des Umlaufvermögens (II.12)** einschließlich eventueller vorübergehender Wertkorrekturen auf Finanzanlagen und einschließlich pauschaler Abschreibungen auf diese Finanzanlagen sind unter diesem Posten auszuweisen. Gleiches gilt für die Bildung von Pauschalwertberichtigungen und für weitere Zuweisungen für Wertberichtigungen auf Finanzanlagen. **17**

Unter **Zinsen und ähnliche Aufwendungen (II.13)** sind Zinsen jeglicher Art zu erfassen, inklusiv periodenfremder Zinsaufwendungen. Eine Saldierung mit den Erträgen ist nicht zulässig; gleiches gilt für Zinszuschüsse. Allerdings mindern Zinsverbilligungen für bestimmte Sonderkredite den Zinsaufwand. Nicht auszuweisen sind Bankspesen, Kontoführungsgebühren, alle mit der Überwachung von Krediten im Zusammenhang stehenden Kosten. Gesondert anzugeben sind diese Aufwendungen, soweit sie an verbundene Unternehmen gezahlt werden. **18**

**Zinsen** ist der gesamte Aufwand, der für die Aufnahme des in der Genossenschaft arbeitenden Fremdkapitals gemacht wird (Kropff in Geßler/Hefermehl/Eckardt/Kropff, AktG, § 157 Rdn. 128). Hierzu zählen Zinsen für geschuldete Kredite gleich welcher Art (z. B. Bankkredite, Hypotheken, Schuldverschreibungen, Darlehn, Lieferantenkredite, Verzugszinsen für verspätete Zahlungen) sowie Kreditprovisionen, Überziehungsprovisionen, Bürgschaftsprovisionen. Hierzu zählen auch Abschreibungen auf aktiviertes Agio, Disagio oder Damnum. Soweit die Genossenschaft ihr eingeräumte Lieferantenskonti nicht ausnutzt, kann sie den nicht in Anspruch genommenen Skontoabzug ebenfalls hier verbuchen (so auch ausführlich Kropff in Geßler/Hefermehl/Eckardt/Kropff, AktG, § 157 Rdn. 131). Dagegen können von den Kunden abgesetzte Skonti nicht unter Zinsen ausgewiesen werden, da diese Preisnachlässe darstellen und die entsprechenden Erträge mindern (WP-Handbuch 1981 S. 805).

Das **Ergebnis der gewöhnlichen Geschäftstätigkeit (II.14)** besteht aus dem Saldo der betrieblichen Erträge und Aufwendungen (II.1—8) und dem Finanzergebnis (II.9—13). Es handelt sich hier um das gewissermaßen **ordentliche** Ergebnis. Zusammen mit dem **außerordentlichen** Ergebnis (II.17) und den **Steuern** (II.18 und 19) ergibt sich daraus der **Jahresüberschuß/Jahresfehlbetrag** (II.20). **19**

Hinsichtlich der **außerordentlichen Erträge (II.15)** siehe den Wortlaut von § 277 Abs. 4. **20**

Hinsichtlich der **außerordentlichen Aufwendungen (II.16)** siehe den Wortlaut von § 277 Abs. 4. **21**

Die Posten II.15 und 16 bilden als weitere Zwischensumme (neben II.14) das **außerordentliche Ergebnis (II.17)**. **22**

23 Zu den **Steuern von Einkommen und Ertrag (II.18)** gehören insbesondere die Körperschaftsteuer, Kapitalertragsteuer, Gewerbeertragsteuer sowie Aufwendungen für latente Steuern und die anrechenbare Körperschaftsteuer. Ausweispflichtig sind die Steuern, soweit die Genossenschaft Steuerschuldner ist.

24 Zu den **sonstigen Steuern (II.19)** gehören z. B. die Vermögenssteuer, die Gewerbekapitalsteuer, die Kraftfahrzeugsteuer, die Umsatzsteuer auf den Eigenverbrauch, die Verbrauchsteuer.

25 Der **Jahresüberschuß/Jahresfehlbetrag (II.20)** ist der Saldo aller in der Gewinn- und Verlustrechnung ausgewiesenen Erträge und Aufwendungen. Dieser Saldo muß mit dem Posten der Bilanz auf der Passivseite unter A. Eigenkapital übereinstimmen. Da nach Abs. 4 Veränderungen der Kapital- und Ergebnisrücklagen in der Gewinn- und Verlustrechnung erst nach diesem Posten ausgewiesen werden dürfen, sind gesondert darzustellen:
— Gewinnvortrag/Verlustvortrag
— Einstellung in Rücklagen
— Entnahme aus Rücklagen
— Bilanzgewinn/Bilanzverlust.

## III. Umsatzkostenverfahren

26 Da bei Genossenschaften üblicherweise das Gesamtkostenverfahren und nicht das Umsatzkostenverfahren angewandt wird, wird davon Abstand genommen, auf das Gliederungsschema des Abs. 3 einzugehen.

## § 276 HGB

### Größenabhängige Erleichterungen

**Kleine und mittelgroße Kapitalgesellschaften (§ 267 Abs. 1, 2) dürfen die Posten § 275 Abs. 2 Nr. 1 bis 5 oder Abs. 3 Nr. 1 bis 3 und 6 zu einem Posten unter der Bezeichnung „Rohergebnis" zusammenfassen.**

1 Kleine und mittelgroße Genossenschaften (hierzu § 267 Abs. 1 und 2) brauchen lediglich einen Sammelposten Rohergebnis, bestehend aus den Posten § 275 Abs. 2 1—5 auszuweisen.

2 Hinsichtlich der größenabhängigen Erleichterungen bei der Offenlegung vgl. § 339 HGB im Anhang zu § 33 GenG.

3 Hinsichtlich der Erleichterungen für kleine und mittlere **Wohnungsgenossenschaften** in Verbindung mit der Formblatt-VO i. d. F. vom 6. 3. 1987 s. Rdn. 7, 8, 11 und 12 zu § 330 HGB im Anhang zu § 33 GenG sowie GGW „Erläuterungen", Anlage 1/Größenklassen, S. 3; Teil C/GuV, S. 96.

## § 277 HGB

### Vorschriften zu einzelnen Posten der Gewinn- und Verlustrechnung

**(1) Als Umsatzerlöse sind die Erlöse aus dem Verkauf und der Vermietung oder Verpachtung von für die gewöhnliche Geschäftstätigkeit der Kapitalgesellschaft typischen Erzeugnissen und Waren sowie aus von für die gewöhnliche Geschäftstätigkeit der Kapitalgesellschaft typischen Dienstleistungen nach Abzug von Erlösschmälerungen und der Umsatzsteuer auszuweisen.**

**(2) Als Bestandsveränderungen sind sowohl Änderungen der Menge als auch solche des Wertes zu berücksichtigen; Abschreibungen jedoch nur, soweit diese die in der Kapitalgesellschaft sonst üblichen Abschreibungen nicht überschreiten.**

**(3) Außerplanmäßige Abschreibungen nach § 253 Abs. 2 Satz 3 sowie Abschreibungen nach § 253 Abs. 3 Satz 3 sind jeweils gesondert auszuweisen oder im Anhang anzugeben. Erträge und Aufwendungen aus Verlustübernahme und auf Grund einer Gewinngemeinschaft, eines Gewinnabführungs- oder eines Teilgewinnabführungsvertrags erhaltene oder abgeführte Gewinne sind jeweils gesondert unter entsprechender Bezeichnung auszuweisen.**

**(4) Unter den Posten „außerordentliche Erträge" und „außerordentliche Aufwendungen" sind Erträge und Aufwendungen auszuweisen, die außerhalb der gewöhnlichen Geschäftstätigkeit der Kapitalgesellschaft anfallen. Die Posten sind hinsichtlich ihres Betrags und ihrer Art im Anhang zu erläutern, soweit die ausgewiesenen Beträge für die Beurteilung der Ertragslage nicht von untergeordneter Bedeutung sind. Satz 2 gilt auch für Erträge und Aufwendungen, die einem anderen Geschäftsjahr zuzurechnen sind.**

Abs. 1 definiert den Begriff der Umsatzerlöse. **1**

Abs. 2 betrifft nur das Gesamtkostenverfahren. Bestandsveränderungen **2** (§ 275 Abs. 2 2.) umfassen Mengen und Wertänderungen sowie die in der Genossenschaft sonst üblichen Abschreibungen.

Abs. 3 verlangt, daß die dort genannten Abschreibungen, Erträge und Auf- **3** wendungen jeweils gesondert unter entsprechender Bezeichnung auszuweisen sind. Nach § 336 Abs. 2 Satz 1 letzter Halbsatz ist Abs. 3 Satz 1 auf Genossenschaften nicht anzuwenden.

Abs. 4 Satz 1 definiert die außerordentlichen Erträge/Aufwendungen. **4** Hierzu zählen Gewinn und Verlust aus Verschmelzung, Schuldnachlässe, Kursgewinne aus Währungen sowie Ausverkäufe. Auf eine Erläuterung im Anhang kann nach Abs. 4 Satz 2 verzichtet werden, sofern diese Posten für die Beurteilung der Ertragslage von untergeordneter Bedeutung sind.

## § 278 HGB

### Steuern

**Die Steuern vom Einkommen und vom Ertrag sind auf der Grundlage des Beschlusses über die Verwendung des Ergebnisses zu berechnen; liegt ein solcher Beschluß im Zeitpunkt der Feststellung des Jahresabschlusses nicht vor, so ist vom Vorschlag über die Verwendung des Ergebnisses auszugehen. Weicht der Beschluß über die Verwendung des Ergebnisses vom Vorschlag ab, so braucht der Jahresabschluß nicht geändert zu werden.**

1 Mit **Steuern vom Einkommen** meint der Gesetzgeber die Körperschaftsteuer vor Berücksichtigung von Anrechnungsbeträgen und vor Abzug einer etwaigen Kapitalertragsteuer.

2 Die **Steuer vom Ertrag** ist die Gewerbeertragsteuer.

3 Diese Steuern sind in der Gewinn- und Verlustrechnung unter II.18 auszuweisen.

### § 279 HGB

### Nichtanwendung von Vorschriften. Abschreibungen

**(1) § 253 Abs. 4 ist nicht anzuwenden. § 253 Abs. 2 Satz 3 darf, wenn es sich nicht um eine voraussichtlich dauernde Wertminderung handelt, nur auf Vermögensgegenstände, die Finanzanlagen sind, angewendet werden.**

**(2) Abschreibungen nach § 254 dürfen nur insoweit vorgenommen werden, als das Steuerrecht ihre Anerkennung bei der steuerrechtlichen Gewinnermittlung davon abhängig macht, daß sie sich aus der Bilanz ergeben.**

Nach § 336 Abs. 2 Satz 1 letzter Halbsatz braucht § 279 HGB bei Genossenschaften nicht angewendet zu werden.

### § 280 HGB

### Wertaufholungsgebot

**(1) Wird bei einem Vermögensgegenstand eine Abschreibung nach § 253 Abs. 2 Satz 3 oder Abs. 3 oder § 254 Satz 1 vorgenommen und stellt sich in einem späteren Geschäftsjahr heraus, daß die Gründe dafür nicht mehr bestehen, so ist der Betrag dieser Abschreibung im Umfang der Werterhöhung unter Berücksichtigung der Abschreibungen, die inzwischen vorzunehmen gewesen wären, zuzuschreiben. § 253 Abs. 5, § 254 Satz 2 sind insoweit nicht anzuwenden.**

**(2) Von der Zuschreibung nach Absatz 1 kann abgesehen werden, wenn der niedrigere Wertansatz bei der steuerrechtlichen Gewinnermittlung beibehalten werden kann und wenn Voraussetzung für die Beibehaltung ist, daß der niedrigere Wertansatz auch in der Bilanz beibehalten wird.**

**(3) Im Anhang ist der Betrag der im Geschäftsjahr aus steuerrechtlichen Gründen unterlassenen Zuschreibungen anzugeben und hinreichend zu begründen.**

Nach § 336 Abs. 2 Satz 1 letzter Halbsatz braucht § 280 HGB bei Genossenschaften nicht angewendet zu werden.

### § 281 HGB

### Berücksichtigung steuerrechtlicher Vorschriften

**(1) Die nach § 254 zulässigen Abschreibungen dürfen auch in der Weise vorgenommen werden, daß der Unterschiedsbetrag zwischen der nach § 253 in Verbindung mit § 279 und der nach § 254 zulässigen Bewertung in den Sonderposten mit Rücklageanteil eingestellt wird. In der Bilanz oder im Anhang sind die Vorschriften anzugeben, nach denen die Wertberichtigung gebildet worden ist. Unbeschadet steuerrechtlicher Vor-**

**schriften über die Auflösung ist die Wertberichtigung insoweit aufzulösen, als die Vermögensgegenstände, für die sie gebildet worden ist, aus dem Vermögen ausscheiden oder die steuerrechtliche Wertberichtigung durch handelsrechtliche Abschreibungen ersetzt wird.**

**(2) Im Anhang ist der Betrag der im Geschäftsjahr allein nach steuerrechtlichen Vorschriften vorgenommenen Abschreibungen, getrennt nach Anlage- und Umlaufvermögen, anzugeben, soweit er sich nicht aus der Bilanz oder der Gewinn- und Verlustrechnung ergibt, und hinreichend zu begründen. Erträge aus der Auflösung des Sonderpostens mit Rücklageanteil sind in dem Posten „sonstige betriebliche Erträge", Einstellungen in den Sonderposten mit Rücklageanteil sind in dem Posten „sonstige betriebliche Aufwendungen" der Gewinn- und Verlustrechnung gesondert auszuweisen oder im Anhang anzugeben.**

Nach Abs. 1 Satz 1 ist statt einer Abschreibung nach § 254 HGB auf der **1**
Aktivseite die Berücksichtigung eines niedrigeren steuerrechtlich zulässigen Wertes auch auf der Passivseite der Bilanz möglich. Es muß also nicht immer aktivisch abgeschrieben werden. Der steuerrechtlich begründete Unterschiedsbetrag wird in den **Sonderposten** mit Rücklageanteil (§ 247 Abs. 3, § 273) eingestellt. Nach Abs. 1 Satz 2 sind in der Bilanz oder im Anhang die Vorschriften anzugeben, auf denen die Wertberichtigung beruht. Die Wertberichtigung ist ebenso wie die Abschreibung nur so lange berechtigt, als die steuerrechtlichen Gründe dafür vorliegen. Entfallen diese, ist die Wertberichtigung insoweit aufzulösen.

Abs. 2 Satz 1 ist gemäß § 336 HGB auf Genossenschaften nicht anzuwen- **2**
den.

Nach Abs. 2 Satz 2 sind Erträge aus der Auflösung dieses Sonderpostens in **3**
der Gewinn- und Verlustrechnung unter II.4, Einstellungen in den Sonderposten unter II.8 auszuweisen, und zwar gesondert oder im Anhang anzugeben.

## § 282 HGB

### Abschreibung der Aufwendungen für die Ingangsetzung und Erweiterung des Geschäftsbetriebs

**Für die Ingangsetzung und Erweiterung des Geschäftsbetriebs ausgewiesene Beträge sind in jedem folgenden Geschäftsjahr zu mindestens einem Viertel durch Abschreibungen zu tilgen.**

Hinsichtlich der für die Ingangsetzung und Erweiterung des Geschäftsbetriebs ausgewiesenen Beträge vgl. Erläuterungen zu § 269 HGB; siehe auch Erläuterungen zu § 268 Abs. 2 HGB.

Durch § 282 wird lediglich zusätzlich geregelt, daß diese Beträge zu mindestens 25 % durch Abschreibungen zu tilgen sind. Mehr Abschreibungen sind zulässig. Dies hat jedoch keine rechtlichen Auswirkungen auf die Pflicht zur Mindestabschreibung von je 25 % in den Folgejahren.

### § 283 HGB
### Wertansatz des Eigenkapitals

**Das gezeichnete Kapital ist zum Nennbetrag anzusetzen.**

Zum gezeichneten Kapital vgl. die Erläuterungen zu § 272 HGB im Anhang zu § 33 GenG.

### § 284 HGB
### Erläuterung der Bilanz und der Gewinn- und Verlustrechnung

**(1) In den Anhang sind diejenigen Angaben aufzunehmen, die zu den einzelnen Posten der Bilanz oder der Gewinn- und Verlustrechnung vorgeschrieben oder die im Anhang zu machen sind, weil sie in Ausübung eines Wahlrechts nicht in die Bilanz oder in die Gewinn- und Verlustrechnung aufgenommen wurden.**

**(2) Im Anhang müssen**

1. **die auf die Posten der Bilanz und der Gewinn- und Verlustrechnung angewandten Bilanzierungs- und Bewertungsmethoden angegeben werden;**
2. **die Grundlagen für die Umrechnung in Deutsche Mark angegeben werden, soweit der Jahresabschluß Posten enthält, denen Beträge zugrunde liegen, die auf fremde Währung lauten oder ursprünglich auf fremde Währung lauteten;**
3. **Abweichungen von Bilanzierungs- und Bewertungsmethoden angegeben und begründet werden; deren Einfluß auf die Vermögens-, Finanz- und Ertragslage ist gesondert darzustellen;**
4. **bei Anwendung einer Bewertungsmethode nach § 240 Abs. 4, § 256 Satz 1 die Unterschiedsbeträge pauschal für die jeweilige Gruppe ausgewiesen werden, wenn die Bewertung im Vergleich zu einer Bewertung auf der Grundlage des letzten vor dem Abschlußstichtag bekannten Börsenkurses oder Marktpreises einen erheblichen Unterschied aufweist;**
5. **Angaben über die Einbeziehung von Zinsen für Fremdkapital in die Herstellungskosten gemacht werden.**

*Übersicht*



## I. Vorbemerkungen

1 Nach § 336 Abs. 1 HGB (vgl. die dortigen Erläuterungen) ist der Jahresabschluß um einen **Anhang** zu erweitern, der Bestandteil des Jahrsabschlusses ist. Dieser Anhang hat die in §§ 284, 285 sowie die in § 338 HGB (vgl. die dortigen Erläuterungen) geforderten Angaben zu enthalten.

Der Anhang entspricht dem bisherigen Erläuterungsteil des Geschäftsberichts.

Dementsprechend ist auch der Anhang klar und übersichtlich aufzustellen. **2** Er hat die Bilanz und die Gewinn- und Verlustrechnung so zu erläutern, daß in entsprechender Anwendung des § 264 Abs. 2 HGB ein den tatsächlichen Verhältnissen entsprechendes Bild der Vermögens-, Finanz- und Ertragslage vermittelt wird. Bei diesen Anforderungen ist im Hinblick auf die Gläubiger und die sonstige Öffentlichkeit auf den bilanzkundigen Leser abzustellen; wegen des Personenbezugs Genossenschaft — Mitglied ist im Hinblick auf die Mitglieder zusätzlich zu berücksichtigen, daß diese ggfs. in ihrer überwiegenden Zahl bilanzunkundig sind. Der Anhang ist deshalb so abzufassen, daß er auch diesen Mitgliedern verständlich ist (vgl. Müller, § 33 a Rdn. 6).

Für **Wohnungsgenossenschaften** s. Vordruck und Strukturierungsvorschlag **2a** des Gesamtverbandes gemeinnütziger Wohnungsunternehmen für den Anhang: GGW „Erläuterungen“, Teil C/Anhang, S. 140 ff, Anlage 6/Vordrucke, S. 9 ff sowie Rdn. 16 zu § 330 HGB in Anhang zu § 33 GenG.

Aus Gründen der Übersichtlichkeit sollen vorab die Pflichtangaben und **3** Wahlpflichtangaben wiedergegeben werden, die sich aus den **übrigen Vorschriften** des HGB ergeben (§ 284 Abs. 1 Satz 1 HGB).

## II. Pflichtangaben und Wahlpflichtangaben im Anhang

Im einzelnen vgl. die Erläuterungen bei den nachstehend bezeichneten Vorschriften.

Nach § 264 Abs. 2 Satz 2 HGB sind im Anhang zusätzliche Angaben zu **4** machen, wenn aufgrund besonderer Umstände der Jahresabschluß nicht die tatsächlichen Verhältnisse entsprechend wiedergibt (true and fair view).

Nach § 265 Abs. 1 Satz 2 HGB ist im Anhang nebst Begründung anzuge- **5** ben, warum in der Gliederung der Bilanz und der Gewinn- und Verlustrechnung ausnahmsweise vom Grundsatz der Darstellungsstetigkeit abgewichen worden ist.

Nach § 265 Abs. 2 Satz 2 HGB ist eine mangelnde Vergleichbarkeit der **6** Vorjahreszahlen anzugeben und zu erläutern.

Nach § 265 Abs. 2 Satz 3 HGB ist anzugeben und zu erläutern, wenn der **7** Vorjahresbetrag angepaßt wird.

Nach § 265 Abs. 3 Satz 1 HGB ist die **Mitzugehörigkeit** zu anderen Bilanz- **8** posten im Anhang anzugeben, wenn sie nicht in der Bilanz vermerkt worden ist.

Nach § 265 Abs. 4 Satz 2 HGB ist eine Ergänzung der Gliederung bei **9** mehreren **Geschäftszweigen** anzugeben und zu begründen.

Nach § 265 Abs. 7 Nr. 2 HGB sind **zusammengefaßte Posten** im Anhang **10** gesondert auszuweisen.

11 Nach § 268 Abs. 1 Satz 2 HGB ist ein Gewinn- oder Verlustvortrag bei der Bilanzaufstellung unter **teilweiser Ergebnisverwendung** im Anhang gesondert anzugeben, sofern dies nicht in der Bilanz geschieht.

12 Nach § 268 Abs. 2 Satz 1 HGB ist der **Anlagespiegel** im Anhang darzustellen, sofern dies nicht in der Bilanz geschieht.

13 Nach § 268 Abs. 4 Satz 2 HGB müssen größere **antizipative Rechnungsabgrenzungsposten** unter dem Posten sonstige Vermögensgegenstände im Anhang erläutert werden.

14 Nach § 268 Abs. 5 Satz 3 HGB müssen größere **antizipative Rechnungsabgrenzungsposten** unter dem Posten Verbindlichkeiten im Anhang erläutert werden.

15 Nach § 268 Abs. 6 HGB ist ein aktiviertes **Disagio** im Anhang anzugeben, soweit es nicht in der Bilanz gesondert ausgewiesen wird.

16 Nach § 268 Abs. 7 HGB sind die in § 251 HGB bezeichneten **Haftungsverhältnisse** unter Hinzufügung der gewährten Sicherheiten im Anhang anzugeben, soweit dies nicht unter dem Bilanzstrich ausgewiesen wird.

17 Nach § 269 Satz 1 HGB ist der Posten **„Aufwendungen für die Ingangsetzung und Erweiterung des Geschäftsbetriebs"** im Anhang zu erläutern.

18 Nach § 273 Satz 2 HGB sind die Vorschriften, nach denen der **Sonderposten mit Rücklageanteil** gebildet worden ist, im Anhang anzugeben, sofern dies nicht in der Bilanz geschieht.

19 Nach § 274 Abs. 1 Satz 1 HGB sind **passivierte latente Steuern** im Anhang gesondert anzugeben, sofern dies nicht in der Bilanz geschieht.

20 Nach § 274 Abs. 2 Satz 2 HGB sind **aktivierte latente Steuern** im Anhang zu erläutern.

21 Nach § 277 Abs. 3 Satz 1 HGB sind **außerplanmäßige Abschreibungen** beim Anlagevermögen und Abschreibungen wegen Wertschwankungen vom Umlaufvermögen im Anhang anzugeben, sofern sie nicht in der Gewinn- und Verlustrechnung gesondert ausgewiesen werden.

22 Nach § 277 Abs. 4 Satz 2 HGB sind **außerordentliche Erträge bzw. außerordentliche Aufwendungen** im Anhang zu erläutern, soweit sie nicht von untergeordneter Bedeutung für die Beurteilung der Ertragslage sind.

23 Nach § 277 Abs. 4 Satz 3 HGB gilt Satz 2 auch für Erträge und Aufwendungen, die einem **anderen Geschäftsjahr** zuzurechnen sind.

24 Nach § 281 Abs. 1 Satz 2 HGB sind die Vorschriften anzugeben, nach denen die **Wertberichtigung** gebildet worden ist, sofern dies nicht in der Bilanz geschieht.

Nach § 281 Abs. 2 Satz 2 HGB sind **Änderungen des Sonderpostens mit Rücklageanteil** im Anhang anzugeben, sofern sie nicht in der Gewinn- und Verlustrechnung gesondert ausgewiesen sind. **25**

Vgl. hierzu die Erläuterungen zu den einzelnen Vorschriften.

## III. Angaben nach § 284 Abs. 2 HGB

Es sind nach Abs. 2 Nr. 1 HGB die **Bilanzierungs- und Bewertungsmethoden** anzugeben. Hierbei ist darauf einzugehen, von welchen Ansatzwahlrechten Gebrauch gemacht und nach welchen Verfahren die Vermögensgegenstände und Schulden bewertet worden sind (Beispiele hierzu siehe Jahresabschluß der Waren- und Dienstleistungsgenossenschaften Teil D, Anhang B). **26**

Nach Abs. 2 Nr. 2 HGB sind die Grundlagen für die Umrechnung in Deutsche Mark anzugeben bei Posten in **Fremdwährung.** **27**

Nach Abs. 2 Nr. 3 HGB sind **Abweichungen von den Bilanzierungs- und Bewertungsmethoden** begründet anzugeben. Ihr Einfluß auf die Lage der Genossenschaft ist gesondert darzustellen. Auch diese Verpflichtung dient dazu, die Jahresabschlüsse der Genossenschaft über Jahre hinweg vergleichbar zu machen. Nicht in jedem Falle ist hier eine ziffernmäßige Angabe erforderlich, doch wird sich eine solche häufig aus der Natur der Sache heraus anbieten (hierzu Niehus/Scholz in Meyer-Landrut/Miller/Niehus, GmbHG Anhang zu §§ 41, 42: HGB §§ 238–335 Rdn. 870). Auch ein Wechsel in der Ausübung von Ansatzwahlrechten ist eine Abweichung von einer bisher angewendeten Bilanzierungsmethode. Anzugeben sind hier auch Wechsel in der Methode zur Ermittlung der Anschaffungskosten bzw. zur Ermittlung des Umfangs der zu aktivierenden Herstellungskosten, Änderungen der Abschreibungsmethoden, Änderungen der Methode zur Ermittlung der Garantierückstellung dahin, daß sie aufgrund von Erfahrungswerten pauschal, anstatt bisher für jeden Einzelfall gebildet wird. **28**

Nach Abs. 2 Nr. 4 HGB sind die **Unterschiedsbeträge** aus der Anwendung von **Bewertungsvereinfachungsverfahren** pauschal für die jeweilige Gruppe dann erforderlich, wenn es sich um erhebliche Unterschiede handelt. **29**

Nach Abs. 2 Nr. 5 HGB sind Angaben über die Einbeziehung von **Fremdkapitalzinsen** in die Herstellungskosten zu machen, da so die Herstellungskosten erhöht und damit der Gewinn sich entsprechend erhöht bzw. ein Verlust sich entsprechend vermindert. Da es sich also um eine auch steuerrechtlich anerkannte Bewertungshilfe handelt, ist diese im Anhang kenntlich zu machen, ohne daß jedoch ziffernmäßige Angaben gemacht werden müssen. **30**

Zu den weiteren Pflichtangaben vgl. Erläuterungen zu § 285 HGB und zu § 338 HGB — jeweils im Anhang zu § 33 GenG. **31**

## § 285 HGB
### Sonstige Pflichtangaben

Ferner sind im Anhang anzugeben:

1. zu den in der Bilanz ausgewiesenen Verbindlichkeiten
   a) der Gesamtbetrag der Verbindlichkeiten mit einer Restlaufzeit von mehr als fünf Jahren,
   b) der Gesamtbetrag der Verbindlichkeiten, die durch Pfandrechte oder ähnliche Rechte gesichert sind, unter Angabe von Art und Form der Sicherheiten;
2. die Aufgliederung der in Nummer 1 verlangten Angaben für jeden Posten der Verbindlichkeiten nach dem vorgeschriebenen Gliederungsschema, sofern sich diese Angaben nicht aus der Bilanz ergeben;
3. der Gesamtbetrag der sonstigen finanziellen Verpflichtungen, die nicht in der Bilanz erscheinen und auch nicht nach § 251 anzugeben sind, sofern diese Angabe für die Beurteilung der Finanzlage von Bedeutung ist; davon sind Verpflichtungen gegenüber verbundenen Unternehmen gesondert anzugeben;
4. die Aufgliederung der Umsatzerlöse nach Tätigkeitsbereichen sowie nach geographisch bestimmten Märkten, soweit sich, unter Berücksichtigung der Organisation des Verkaufs von für die gewöhnliche Geschäftstätigkeit der Kapitalgesellschaft typischen Erzeugnissen und der für die gewöhnliche Geschäftstätigkeit der Kapitalgesellschaft typischen Dienstleistungen, die Tätigkeitsbereiche und geographisch bestimmten Märkte untereinander erheblich unterscheiden;
5. das Ausmaß, in dem das Jahresergebnis dadurch beeinflußt wurde, daß bei Vermögensgegenständen im Geschäftsjahr oder in früheren Geschäftsjahren Abschreibungen nach §§ 254, 280 Abs. 2 auf Grund steuerrechtlicher Vorschriften vorgenommen oder beibehalten wurden oder ein Sonderposten nach § 273 gebildet wurde; ferner das Ausmaß erheblicher künftiger Belastungen, die sich aus einer solchen Bewertung ergeben;
6. in welchem Umfang die Steuern vom Einkommen und vom Ertrag das Ergebnis der gewöhnlichen Geschäftstätigkeit und das außerordentliche Ergebnis belasten;
7. die durchschnittliche Zahl der während des Geschäftsjahrs beschäftigten Arbeitnehmer getrennt nach Gruppen;
8. bei Anwendung des Umsatzkostenverfahrens (§ 275 Abs. 3)
   a) der Materialaufwand des Geschäftsjahrs, gegliedert nach § 275 Abs. 2 Nr. 5,
   b) der Personalaufwand des Geschäftsjahrs, gegliedert nach § 275 Abs. 2 Nr. 6;
9. für die Mitglieder des Geschäftsführungsorgans, eines Aufsichtsrats, eines Beirats oder einer ähnlichen Einrichtung jeweils für jede Personengruppe
   a) die für die Tätigkeit im Geschäftsjahr gewährten Gesamtbezüge (Gehälter, Gewinnbeteiligungen, Aufwandsentschädigungen, Versicherungsentgelte, Provisionen und Nebenleistungen jeder Art). In die Gesamtbezüge sind auch Bezüge einzurechnen, die nicht ausgezahlt, sondern in Anspruch anderer Art umgewandelt oder zur Erhöhung anderer Ansprüche verwendet werden. Außer den Bezügen für das Geschäftsjahr sind die weiteren Bezüge anzugeben, die im Geschäftsjahr gewährt, bisher aber in keinem Jahresabschluß angegeben worden sind;
   b) die Gesamtbezüge (Abfindungen, Ruhegehälter, Hinterbliebenenbezüge und Leistungen verwandter Art) der früheren Mitglieder der bezeichneten Organe und ihrer Hinterbliebenen. Buchstabe a Satz 2 und 3 ist entsprechend anzuwenden. Ferner ist der Betrag der für diese Personengruppen gebildeten Rückstellungen

**für laufende Pensionen und Anwartschaften auf Pensionen und der Betrag der für diese Verpflichtungen nicht gebildeten Rückstellungen anzugeben;**

**c) die gewährten Vorschüsse und Kredite unter Angabe der Zinssätze, der wesentlichen Bedingungen und der gegebenenfalls im Geschäftsjahr zurückgezahlten Beträge sowie die zugunsten dieser Personen eingegangenen Haftungsverhältnisse;**

**10. alle Mitglieder des Geschäftsführungsorgans und eines Aufsichtsrats, auch wenn sie im Geschäftsjahr oder später ausgeschieden sind, mit dem Familiennamen und mindestens einem ausgeschriebenen Vornamen. Der Vorsitzende eines Aufsichtsrats, seine Stellvertreter und ein etwaiger Vorsitzender des Geschäftsführungsorgans sind als solche zu bezeichnen;**

**11. Name und Sitz anderer Unternehmen, von denen die Kapitalgesellschaft oder eine für Rechnung der Kapitalgesellschaft handelnde Person mindestens den fünften Teil der Anteile besitzt; außerdem sind die Höhe des Anteils am Kapital, das Eigenkapital und das Ergebnis des letzten Geschäftsjahrs dieser Unternehmen anzugeben, für das ein Jahresabschluß vorliegt; auf die Berechnung der Anteile ist § 16 Abs. 2 und 4 des Aktiengesetzes entsprechend anzuwenden;**

**12. Rückstellungen, die in der Bilanz unter dem Posten „sonstige Rückstellungen" nicht gesondert ausgewiesen werden, sind zu erläutern, wenn sie einen nicht unerheblichen Umfang haben;**

**13. bei Anwendung des § 255 Abs. 4 Satz 3 die Gründe für die planmäßige Abschreibung des Geschäfts- oder Firmenwerts;**

**14. Name und Sitz des Mutterunternehmens der Kapitalgesellschaft, das den Konzernabschluß für den größten Kreis von Unternehmen aufstellt, und ihres Mutterunternehmens, das den Konzernabschluß für den kleinsten Kreis von Unternehmen aufstellt, sowie im Falle der Offenlegung der von diesen Mutterunternehmen aufgestellten Konzernabschlüsse der Ort, wo diese erhältlich sind.**

*Übersicht*



## I. Vorbemerkungen

1 Die in dieser Vorschrift enthaltenen Pflichtangaben betreffen Erläuterungen einzelner Abschlußposten, Angaben zu Anteilsbesitz, zu den Bewertungsmethoden, zu den geschäftsführenden Organen und zu den Konzernverhältnissen.

## II. Angaben nach § 285 HGB

2 Die langfristigen Verbindlichkeiten der **Nr. 1 a** sind nicht zu jedem einzelnen Posten dem Bilanzgliederungsschema nach § 266 Abs. 3 HGB unter C aufgeführten Verbindlichkeiten anzugeben, sondern zusammengefaßt zu einem einzigen Posten im Anhang.

**3** Nach **Nr. 1 b** ist der Gesamtbetrag der gesicherten Verbindlichkeiten anzugeben; hierbei sind Art und Form der Sicherheiten zu bezeichnen.

**4** Nach **Nr. 2** wird eine Aufgliederung der in Nr. 1 genannten Verbindlichkeiten verlangt. Es dürfte sich empfehlen, diese in Form eines Verbindlichkeitenspiegels zu erfüllen (vgl. hierzu Niehus/Scholz aaO Rdn. 875 ff). Außerdem dürfen für jeden Verbindlichkeitsposten auch der Bilanzbetrag und die Restlaufzeiten bis zu einem Jahr (§ 268 Abs. 5 Satz 1 HGB) im Interesse der Klarheit gemäß § 275 Abs. 7 Nr. 2 HGB angegeben werden.

Für **kleine** Genossenschaften im Sinne von § 267 Abs. 1 besteht die Angabepflicht der Nr. 2 nicht.

**5** Der Umfang der Erläuterungspflichten nicht bilanzierbarer oder nicht bilanzierter Verpflichtungen nach **Nr. 3** wird gegenüber den bisherigen Regelungen ausgeweitet. Kriterium für die Berichterstattungspflicht ist nicht wie bisher das Bestehen eines rechtlichen Haftungsverhältnisses gegenüber einem Dritten, sondern es genügt die Verpflichtung im Rahmen des Going-Concern-Prinzips. Hierzu zählen mehrjährige Verpflichtungen aus Miet- und Leasingverträgen, Verpflichtungen aus anstehenden Großreparaturen, Pensionsverpflichtungen, soweit keine Rückstellungen gebildet worden sind, Besserungsschein, Verpflichtungen zur Verlustabdeckung bei Beteiligungsgesellschaften, Verpflichtungen zur Einräumung von Krediten gegenüber Dritten und ähnliche Verpflichtungen.

Anzugeben sind der jeweilige jährliche Gesamtbetrag, die Dauer der Verpflichtung und gesondert eventuelle Verpflichtungen gegenüber verbundenen pflichtung und gesondert eventuelle Verpflichtungen gegenüber verbundenen Unternehmen.

Für **kleine** Genossenschaften im Sinne von § 267 Abs. 1 HGB gilt diese Angabepflicht nicht.

**6** Nach **Nr. 4** sind die Umsatzerlöse entsprechend aufzugliedern. Die Aufgliederung muß mit dem Betrag der Umsatzerlöse gemäß § 275 Abs. 2 Nr. 1 HGB übereinstimmen. Es genügen Angaben in TDM bzw. in prozentualer Aufgliederung. Die Aufgliederungspflicht besteht jedoch nur, wenn erhebliche Unterschiede zwischen den unterschiedenen Tätigkeitsbereichen und geographisch bestimmten Märkten bestehen. Was erheblich ist, hängt vom Einzelfall ab. Dabei ist auf sämtliche Umstände abzustellen, die für die Beurteilung dieses unbestimmten Rechtsbegriffs von Bedeutung sind (vgl. das Beispiel zu dieser Angabepflicht im Jahresabschluß der Waren- und Dienstleistungsgenossenschaften Teil D Anhang D).

Die Angabepflicht besteht nicht für **kleine** (§ 267 Abs. 1 HGB) und **mittelgroße** Genossenschaften (§ 267 Abs. 2 HGB).

Die Angaben können unterbleiben, wenn die Voraussetzungen des § 286 Abs. 2 HGB gegeben sind.

Die Angabepflicht nach **Nr. 5** besteht generell nicht für Genossenschaften (§ 336 Abs. 2 HGB). **7**

Die Angabepflicht nach **Nr. 6** besteht generell nicht für Genossenschaften (§ 336 Abs. 2 HGB). **8**

Sinn der Angabepflicht der **Nr. 7** ist, die Bedeutung des Unternehmens als Arbeitgeber offenzulegen. Außerdem ist die Angabe von Bedeutung für die Einordnung der Genossenschaft in die entsprechende Größenklasse (vgl. § 267 HGB und die dortigen Erläuterungen zur Arbeitnehmereigenschaft und zur Berechnung der Durchschnittszahl). **9**

Die Angabe nach Nr. 8 fällt bei Genossenschaften in der Regel nicht an, da diese im allgemeinen das Umsatzkostenverfahren nicht anwenden. Nach **Nr. 9** werden zwar bestimmte Angaben gefordert. Für Genossenschaften gilt jedoch insoweit § 338 Abs. 3 (vgl. die Erläuterungen zu § 338 HGB im Anhang zu § 33 GenG). **10**

An die Stelle der Angabe nach **Nr. 10** treten die Angaben nach § 338 Abs. 2 Nr. 2 HGB (vgl. die dortigen Erläuterungen). **11**

Nach **Nr. 11** sind Name und Sitz von Unternehmen anzugeben, an denen die Genossenschaft mit mindestens 20 % beteiligt ist. Diese Angaben sind auch zu machen, wenn kein Beteiligungsbesitz im Rechtssinne (Beteiligungsabsicht) vorliegt. Zusätzlich ist die prozentuale Höhe des Anteilsbesitzes, das Eigenkapital und das Ergebnis des letzten Geschäftsjahres des anderen Unternehmens anzugeben. Diese Angaben nach Nr. 11 können unterbleiben, wenn die Voraussetzungen von § 286 Abs. 3 HGB gegeben sind. **12**

Im übrigen können die Angaben nach § 287 HGB dort im Anhang auch in einer Aufstellung des Anteilsbesitzes gesondert gemacht werden. Die Aufstellung ist dann Bestandteil des Anhangs. Im Anhang ist auf die Aufstellung gesondert hinzuweisen. Die Beteiligungsliste wird nur zum Handelsregister eingereicht. Sie wird nicht im Bundesanzeiger bekanntgemacht (§ 325 Abs. 2 Satz 2 HGB).

Nach **Nr. 12** sind Rückstellungen unter dem Unterposten „sonstige Rückstellungen", soweit sie dort nicht gesondert ausgewiesen sind, dann zu erläutern, wenn sie einen nicht unerheblichen Umfang haben. Hinsichtlich der Erheblichkeit ist auf die Höhe der Rückstellungen im Hinblick auf die wirtschaftliche Lage der einzelnen Genossenschaft abzustellen. **13**

Kleine Genossenschaften im Sinne von § 267 Abs. 1 HGB brauchen diese Angaben nicht zu machen.

Nach **Nr. 13** sind die Gründe für die planmäßige Abschreibung des Geschäfts- oder Firmenwerts anzugeben, wenn die Abschreibung über einen längeren Zeitraum als 5 Jahre erfolgt. **14**

15 Die Angaben nach Nr. 14 dürften bei Genossenschaften in der Praxis kaum vorkommen. Erläuterungen zu § 28.

16 Vgl. im übrigen zu den Angabepflichten Erläuterungen zu § 284 und § 338 HGB.

## § 286 HGB

### Unterlassen von Angaben

**(1) Die Berichterstattung hat insoweit zu unterbleiben, als es für das Wohl der Bundesrepublik Deutschland oder eines ihrer Länder erforderlich ist.**

**(2) Die Aufgliederung der Umsatzerlöse nach § 285 Nr. 4 kann unterbleiben, soweit die Aufgliederung nach vernünftiger kaufmännischer Beurteilung geeignet ist, der Kapitalgesellschaft oder einem Unternehmen, von dem die Kapitalgesellschaft mindestens den fünften Teil der Anteile besitzt, einen erheblichen Nachteil zuzufügen.**

**(3) Die Angaben nach § 285 Nr. 11 können unterbleiben, soweit sie**

1. **für die Darstellung der Vermögens-, Finanz- und Ertragslage der Kapitalgesellschaft nach § 264 Abs. 2 von untergeordneter Bedeutung sind oder**
2. **nach vernünftiger kaufmännischer Beurteilung geeignet sind, der Kapitalgesellschaft oder dem anderen Unternehmen einen erheblichen Nachteil zuzufügen.**

**Die Angabe des Eigenkapitals und des Jahresergebnisses kann unterbleiben, wenn das Unternehmen, über das zu berichten ist, seinen Jahresabschluß nicht offenzulegen hat und die berichtende Kapitalgesellschaft weniger als die Hälfte der Anteile besitzt. Die Anwendung der Ausnahmeregelung nach Satz 1 Nr. 2 ist im Anhang anzugeben.**

Vgl. hierzu die Erläuterungen zu § 285 Nr. 4 und Nr. 11 HGB.

## § 287 HGB

### Aufstellung des Anteilsbesitzes

**Die in § 285 Nr. 11 verlangten Angaben dürfen statt im Anhang auch in einer Aufstellung des Anteilsbesitzes gesondert gemacht werden. Die Aufstellung ist Bestandteil des Anhangs. Auf die besondere Aufstellung des Anteilsbesitzes und den Ort ihrer Hinterlegung ist im Anhang hinzuweisen.**

Vgl. hierzu die Erläuterungen zu § 285 Nr. 11 HGB.

## § 288 HGB

### Größenabhängige Erleichterungen

**Kleine Kapitalgesellschaften im Sinne des § 267 Abs. 1 brauchen die Angaben nach § 285 Nr. 2 bis 5, 7, 8 Buchstabe a, Nr. 9 Buchstabe a und b und Nr. 12 nicht zu machen. Mittelgroße Kapitalgesellschaften im Sinne des § 267 Abs. 2 brauchen die Angaben nach § 285 Nr. 4 nicht zu machen.**

Vgl. die Erläuterungen zu den jeweiligen Vorschriften.

## § 289 HGB

## Lagebericht

**(1) Im Lagebericht sind zumindest der Geschäftsverlauf und die Lage der Kapitalgesellschaft so darzustellen, daß ein den tatsächlichen Verhältnissen entsprechendes Bild vermittelt wird.**

**(2) Der Lagebericht soll auch eingehen auf:**

1. **Vorgänge von besonderer Bedeutung, die nach dem Schluß des Geschäftsjahrs eingetreten sind;**
2. **die voraussichtliche Entwicklung der Kapitalgesellschaft;**
3. **den Bereich Forschung und Entwicklung.**

Der Vorstand hat gemäß § 326 Abs. 1 HGB neben der Bilanz, der Gewinn- 1
und Verlustrechnung und dem Anhang einen **Lagebericht** aufzustellen und dem Aufsichtsrat sowie mit dessen Bemerkungen der Generalversammlung vorzulegen (§ 33 Abs. 1 GenG).

Im Lagebericht sind in Ergänzung zum Jahresabschluß zumindest der 2
**Geschäftsverlauf** und die Lage der Genossenschaft so darzustellen, daß ein den tatsächlichen Verhältnissen entsprechendes Bild vermittelt wird (§ 289 Abs. 1 HGB). Zum Geschäftsverlauf ist z. B. zu berichten über die Entwicklung der Umsätze, Dienstleistungen, Mitglieder- und Nichtmitgliedergeschäfte, ferner über Investitionen, den Abschluß wichtiger Verträge sowie die Aufnahme neuer wichtiger Produkte. Es sind Angaben zu machen über die Marktverhältnisse beim Einkauf und beim Absatz sowie über die Entwicklung von Kosten und Erlösen, über Rentabilität, Liquidität und Finanzierung.

Außerdem sind alle **bedeutenden** Geschäftsvorgänge zu erwähnen (auch 3
soweit diese nach dem Schluß des Geschäftsjahres eingetreten sind, Abs. 2 Nr. 1). Dies können z. B. größere Prozesse, die Errichtung und Schließung von Zweigniederlassungen, Verschmelzung mit anderen Genossenschaften etc. sein.

Nach Abs. 2 Nr. 2 sind **Prognosen** über die voraussichtliche Entwicklung 4
der Genossenschaft, z. B. in den Bereichen, Umsätze, Produktion, Dienstleistungen, Personal, zu geben. Diese Prognosen müssen jedoch dort ihre Grenzen haben, wo es um geheimzuhaltende unternehmerische Planungen geht.

Auch soweit es um Erklärungen zu dem Bereich **Forschung** und Entwick- 5
lung geht, haben im Zweifel unternehmerische Geheimhaltungsinteressen Vorrang.

Der Lagebericht kann **weitere Informationen** enthalten. Im Hinblick auf 6
den zwingend vorgeschriebenen **Unternehmenszweck** der Genossenschaft — Förderung der Mitglieder — ist es naheliegend, daß der Lagebericht Ausführungen darüber enthält, ob und wie sich die Genossenschaft bemüht hat, dem gesetzlichen und satzungsmäßigen Auftrag gerecht zu werden. Die Mitglieder haben auf eine solche Unterrichtung einen grundsätzlichen Anspruch (vgl. hierzu Pauli, ZfG 1980, 307; Patera, ZfG 1981, 212; Zacherl, ZfG 1981, 227).

Hierbei sollte z. B. dargestellt werden, was die Genossenschaft unternommen hat, die Förderinteressen der Mitglieder zu erkunden und ihnen in der Unternehmenspolitik und in den Entscheidungen gerecht zu werden. Dadurch könnte zum Ausdruck gebracht werden, wie sich eine Genossenschaft durch ihre Ausrichtung auf die Mitgliederinteressen von Unternehmen in anderer Rechtsform unterscheidet. Wegen Bedeutung und Inhalt von „Förderplan" und „Förderbericht" insbesondere Boettcher, ZfG 1979, 198 ff.

**7** Bei Genossenschaften, die eine größere Mitarbeiterzahl haben, könnte u. U. an einen **Sozialbericht** gedacht werden (ggf. als Teil des Lageberichts, so Müller, § 33 a Rdn. 4; WP-Handbuch 1981 S. 617, während Kropff in Geßler/Hefermehl/Eckardt/Kropff, AktG, § 160 Rdn. 2 sich für einen besonderen Teil ausspricht). In diesem Sozialbericht könnten neben den sozialen Verhältnissen die Leistungen des Betriebes erörtert werden, da diese in dem Posten Aufwendungen für Altersversorgung und Unterstützung in der Gewinn- und Verlustrechnung nur teilweise ausgewiesen sind. Zu denken wäre an Angaben über Zahl und Alterszusammensetzung der Betriebsangehörigen, Tarifverträge, Veränderungen der Entlohnung und Arbeitszeit, Rationalisierung der Arbeit, Aus- und Fortbildung, Lohnverhältnisse der Betriebsangehörigen, Betriebsunfälle und Unfallschutz, Gratifikationen, Zuweisungen an Pensions-, Wohlfahrts- und Unterstützungskassen (vgl. WP-Handbuch 1981 S. 617; Kropff in Geßler/Hefermehl/Eckardt/Kropff, AktG § 160 Rdn. 21, der an dieser Stelle jedoch den Sozialbericht als Teil des Lageberichts behandelt).

**8** Auch wäre denkbar, diesen Bericht als **Sozialbilanz** aufzustellen und neben den oben gemachten Angaben auch die Beziehungen zur weiteren gesellschaftlichen und physischen Umwelt (z. B. zu Abnehmern, Lieferanten, Gemeinde und Staat) darzustellen (vgl. WP-Handbuch 1981 S. 617 m. zahl. Hinw. in Fußnote 23 auf die jüngere Literatur, sowie Wülker, Genossenschaftsforum 9/1980, 18 ff und 10/1980, 11 ff).

**9** Der **Bericht des Aufsichtsrats** über das Ergebnis seiner Prüfung des Jahresabschlusses, des Lageberichts und des Vorschlages zur Verwendung des Jahresüberschusses bzw. zur Deckung des Jahresfehlbetrages (§ 38 Abs. 1 Satz 3 GenG und die dortigen Erläuterungen) ist zwar ein eigenständiger Bericht, er kann jedoch dem Lagebericht angefügt werden (so Jahresabschluß der Waren- und Dienstleistungsgenossenschaften Teil A VIII. S. 2).

**10** Zum Lagebericht von **Wohnungsgenossenschaften,** s. Rdn. 21 zu § 330 HGB im Anhang zu § 33 GenG sowie GGW „Erläuterungen" Teil D/Lagebericht.

## § 330 HGB

**Der Bundesminister der Justiz wird ermächtigt, im Einvernehmen mit dem Bundesminister der Finanzen und dem Bundesminister für Wirtschaft durch Rechtsverordnung, die nicht der Zustimmung des Bundesrates bedarf, für Kapitalgesellschaften Formblätter**

**vorzuschreiben oder andere Vorschriften für die Gliederung des Jahresabschlusses oder des Konzernabschlusses oder den Inhalt des Anhangs, des Konzernanhangs, des Lageberichts oder des Konzernlageberichts zu erlassen, wenn der Geschäftszweig eine von den §§ 266, 275 abweichende Gliederung des Jahresabschlusses oder des Konzernabschlusses oder von den Vorschriften des Ersten Abschnitts und des Ersten und Zweiten Unterabschnitts des Zweiten Abschnitts abweichende Regelungen erfordert. Die sich aus den abweichenden Vorschriften ergebenden Anforderungen an die in Satz 1 bezeichneten Unterlagen sollen den Anforderungen gleichwertig sein, die sich für große Kapitalgesellschaften (§ 267 Abs. 3) aus den Vorschriften des Ersten Abschnitts und des Ersten und Zweiten Unterabschnitts des Zweiten Abschnitts sowie den für den Geschäftszweig geltenden Vorschriften ergeben. Über das geltende Recht hinausgehende Anforderungen dürfen nur gestellt werden, soweit sie auf Rechtsakten des Rates der Europäischen Gemeinschaften beruhen.**

§ 330 enthält die gesetzliche Ermächtigung für den Erlaß von Formblättern für den Jahresabschluß für Unternehmen, bei denen der Geschäftszweig einer von den §§ 266, 275 abweichende Gliederung erfordert. Von dieser Ermächtigung wird für die Kreditgenossenschaften und die Zentralbanken sowie für die Wohnungsbaugenossenschaften Gebrauch gemacht. **1**

Für **Kreditgenossenschaften** und **Zentralbanken** werden besondere Formblätter vorgeschrieben durch § 1 Abs. 2 der Verordnung über Formblätter für die Gliederung des Jahresabschlusses von Kreditinstituten vom 13. 9. 1987 (BGBl. I S. 2150) in der Fassung vom 14. 9. 1987 (BGBl. I S. 2169) für **2**
— die Bilanz
— die Gewinn- und Verlustrechnung.
Dieser Verordnung sind entsprechende Muster als Anlagen beigefügt, nach denen zu verfahren ist.

a) **Besonderheiten gelten für die Aufstellung und Gliederung der Bilanz von Wohnungsgenossenschaften** aufgrund der Ersten VO zur Änderung der VO über Formblätter für die Gliederung des Jahresabschlusses von Wohnungsunternehmen vom 6. 3. 1987 (BGBl. I, 770). Nach § 1 Abs. 3 der Formblattverordnung n. F. ist eine eingetragene Genossenschaft ein Wohnungsunternehmen, wenn sie nach dem in ihrer Satzung festgesetzten Gegenstand des Unternehmens sich mit dem Bau von Wohnungen im eigenen Namen befaßt, Wohnungsbauten betreut oder Eigenheime, Kleinsiedlungen und Eigentumswohnungen i. S. d. 1. Teils des Wohnungseigentumsgesetzes vom 15. 3. 1951 (BGBl. I S. 175, 209) errichtet und veräußert. — Für die Anwendung der Formblattverordnung kommt es mithin nicht darauf an, ob eine Wohnungsgenossenschaft in diesem Sinne als gemeinnütziges Wohnungsunternehmen nach dem WGG anerkannt worden ist. **3**

b) Die **Änderungsverordnung** ist aufgrund der Ermächtigung in § 330 i. V. m. § 336 Abs. 3 HGB ergangen. Sie paßt die Rechnungslegungsvorschriften für Wohnungsgenossenschaften unter Berücksichtigung der wohnungs- **4** wirtschaftlichen Besonderheiten an die Bestimmungen des BilRG an. Diese Genossenschaften haben den Jahresabschluß nach Maßgabe der Verordnung, die zugleich den Inhalt der einzelnen Positionen regelt, zu gliedern und abweichend von § 266 Abs. 2 u. 3; § 275 Abs. 2 u. 3 i. V. m. § 336 Abs. 2 Satz 1 HGB nach dem der Verordnung beigefügten Muster aufzustellen (§ 1 Abs. 1 VO n. F.). Dieses ersetzt das bisherige Formblatt (Muster 2 der Formblattverordnung vom 22. 9. 1970, BGBl. I, 1334, § 1 Abs. 2).

**5** c) **Neben der Formblatt-VO** gelten für die Aufstellung und Gliederung des Jahresabschlusses von Wohnungsgenossenschaften die allgemeinen Vorschriften der §§ 238—261 HGB, die Vorschriften für Genossenschaften der §§ 336—339 HGB und die danach entsprechend anzuwendenden Vorschriften für Kapitalgesellschaften, die Bestimmungen der Art. 23, 24 EGHGB, die Bestimmungen des Genossenschaftsgesetzes, die Grundsätze ordnungsmäßiger Buchführung und Bilanzierung sowie etwaige Bilanzierungsvorschriften in anderen Gesetzen, z. B. nach § 88 Abs. 3 II. WoBauG.

**6** d) Der Gesamtverband gemeinnütziger Wohnungsunternehmen hat als Spitzenverband auf der Grundlage der der Formblatt-VO beigegebenen Gliederungsschemata (§ 1 Abs. 1) **Anwendungsformblätter** für die Gliederung der Bilanz und der GuV-Rechnung entwickelt. Hiervon dürfen die Wohnungsgenossenschaften nur im Rahmen der gesetzlichen Bestimmungen und der Grundsätze ordnungsmäßiger Buchführung und Bilanzierung sowie nach vorheriger Abstimmung mit dem zuständigen Prüfungsverband abweichen. Die Gliederungsvordrucke sind wie die vom Spitzenverband herausgegebenen „Erläuterungen zur Rechnungslegung der Wohnungsunternehmen — Genossenschaften —" (1987) Teil der gemeinnützigkeitsrechtlich verbindlichen Richtlinien für das Rechnungswesen i. S. v. § 23 Abs. 1 WGGDV. Die Formblätter tragen den wohnungswirtschaftlichen Erfordernissen der Wohnungsgenossenschaften Rechnung. Das ist bei einer Erweiterung oder Änderung der Gliederung oder der Bezeichnung bestimmter Positionen bei Anwendung der allgemeinen Grundsätze für die Gliederung nach § 265 Abs. 4—6 i. V. m. § 243 Abs. 2 HGB zu beachten. Entsprechendes gilt für die buch- und bilanzmäßige Behandlung besonderer Sachverhalte, z. B. von Aufwendungsdarlehen des Bundes und der Länder zur Förderung des Wohnungsbaues und der Möglichkeit, anstelle eines Ausweises in der Bilanz einen nachrichtlichen Vermerk zur Bilanz vorzunehmen (§§ 88 Abs. 3; 42 Abs. 6 S. 3 II. WoBauG, s. i. e. GGW „Erläuterungen" Anlage 4).

**7** e) Bei der Aufstellung der **Gewinn- und Verlustrechnung** ist die nach § 1 Abs. 2 VO vorgeschriebene, von § 275 Abs. 2 u. 3 HGB **abweichende Gliederung** zu beachten. Diese schließt an die betrieblichen Funktionen einer Wohnungsgenossenschaft an. Als Form der Darstellung der GuV-Rechnung ist sowohl das bei Wohnungsunternehmen übliche Gesamtkostenverfahren als das Umsatzkostenverfahren zugelassen. Nach beiden Verfahren können die

**Umsatzerlöse** in der Nr. 1 **zusammengefaßt** werden. Die Unterposten sind dann nach näherer Bestimmung von § 2 Abs. 4 VO im Anhang gesondert auszuweisen. **Kleinere und mittlere Wohnungsgenossenschaften** können von der Erleichterung aus § 276 HGB Gebrauch machen und die Posten GuV 1—5 unter der Bezeichnung „Rohergebnis" zusammenfassen (s. i. e. GGW, „Erläuterungen", Teil C S. 94—96; Formblatt-VO § 1 Abs. 2; § 2 a Satz 1).

f) **Kleine Wohnungsbaugenossenschaften** i. S. v. § 267 Abs. 1 HGB können **8** entsprechend § 266 Abs. 1 S. 3 HGB eine **verkürzte Bilanz** aufstellen, in die nur die im Formblatt mit Buchstaben und römischen Zahlen bezeichneten Posten gesondert und in der vorgeschriebenen Reihenfolge aufgenommen werden (Formblatt-VO § 1 Abs. 2 i. V. m. Abs. 1; GGW „Erläuterungen"; Anl. 5 S. 7 ff u. Anl. 6).

Sie brauchen nur die Bilanz und den Anhang beim Genossenschaftsregister einzureichen (§§ 326, 339 Abs. 3 HGB).

g) **Abweichend von den allgemeinen Vorschriften über die Gliederung der** **9** **Bilanz** (§ 336 Abs. 2, § 266 Abs. 2 B.I. HGB) sind gemäß § 2 Abs. 2 VO im **Umlaufvermögen** als Pos. B. I. 5. **„unfertige Leistungen"** aus der betrieblichen Leistungserstellung auszuweisen.

Hauptfälle sind **noch nicht abgerechnete Betreuungsleistungen** sowie **noch nicht abgerechnete Betriebskosten** i. S. d. II. Berechnungsverordnung (s. i e. GGW „Erläuterungen" Teil C 36, 37).

h) **Gemeinnützige Wohnungsbaugenossenschaften** mit **Spareinrichtungen** **10** haben gem. § 2 Abs. 3 VO auf der Passivseite der Bilanz abweichend von §§ 336 Abs. 2, 266 Abs. 3 unter C **„Verbindlichkeiten"** nach dem Posten 3 **gesondert auszuweisen, „Spareinlagen"** und **„Verbindlichkeiten aus Sparbriefen"** (s. GGW „Erläuterungen" Teil C S. 81).

i) Für **mittelgroße Wohnungsgenossenschaften** i. S. v. § 276 Abs. 2 HGB **11** gelten gemäß § 2 a Formblatt-VO abweichend von § 327 Abs. 1 HGB **Erleichterungen bei der Offenlegung** des Jahresabschlusses. Sie brauchen die Bilanz in der nur für kleine Genossenschaften zugelassenen verkürzten Form zusätzlich der nach § 2 a VO vorgeschriebenen gesonderten Angaben einzureichen. Diese können entweder in der Bilanz oder im Anhang gemacht werden. § 327 Abs. 2 HGB gilt.

j) Die **größenmäßigen Erleichterungen** bei der Offenlegung des Jahresab- **12** schlusses dürfen jedoch **nicht auf Wohnungsgenossenschaften mit Spareinrichtung** angewendet werden, deren Bilanzsumme 10 Mio DM übersteigt. Sie sind ebenso wie große Genossenschaften zur Veröffentlichung des festgestellten Jahresabschlusses mit dem Bestätigungsvermerk verpflichtet (s. i. e. §§ 336 Abs. 2 267 Abs. 2 HGB, §§ 25 a Abs. 1 Satz 2; 2 Abs. 3 KWG, GGW „Erläuterungen" Teil E S. 2 ff).

13 k) Die Vorschriften der Änderungs-VO sowie die neuen Formblätter sind **erstmals** auf den Jahresabschluß für das nach dem 31. 12. 1986 beginnende Geschäftsjahr anzuwenden, also, wenn das Geschäftsjahr das Kalenderjahr ist, auf den Jahresabschluß zum 31. 12. 1987 (§ 3 Abs. 3 Satz 1 Formblatt-VO). Sie sind auf ein **früheres Geschäftsjahr** anzuwenden, wenn für dieses aufgrund der **Übergangsregelung** des Art. 23 Abs. 1 Satz 2 EGHGB die neuen Vorschriften **insgesamt** angewendet werden (§ 3 Abs. 2 VO i. V. m. Art. 23 Abs. 1 Satz 2 EGHGB). Das kommt in Betracht für Jahresabschlüsse für Geschäftsjahre, die vor dem 1. 12. 1985 beginnen oder wenn die Handelsbilanz für ein früheres Geschäftsjahr nach dem 31. 12. 1985 geändert wird (Adler/Düring/Schmaltz, 5. Aufl. Rechnungslegung ... zu Art. 23 EGHGB, Rdn. 15, 16).

Wird von der Möglichkeit aus § 23 Abs. 1 Satz 2 EGHGB kein Gebrauch gemacht, sind auf frühere Geschäftsjahre die am 31. 12. 1985 geltenden Bestimmungen der Formblatt-VO i. d. F. v. 22. 9. 1970 (BGBl. I, 1334), und das dazu erlassene Formblatt (Muster 2) anzuwenden (§ 3 Abs. 3 Satz 3 i. V. m. Abs. 1 und 2).

14 l) Art 1 der **VO über die Bilanzierung von gemeinnützigen Baugenossenschaften** ... vom 7. 9. 1933 (RGBl. 1 622) ist bereits mit Wirkung vom 26. 9. 1970 **aufgehoben** worden.

15 m) Die Nichtbeachtung von Vorschriften der Formblatt-VO oder der vorgeschriebenen Formblätter bildet **nur** dann einen Grund zur **Anfechtung des Jahresabschlusses,** wenn dadurch seine Klarheit nicht nur unwesentlich beeinträchtigt wird (§ 33 Abs. 2 GenG).

16 n) Weder das BilRG noch die Formblatt-VO schreiben einen bestimmten Aufbau für den **Anhang** vor, um den der Vorstand den Jahresabschluß zu erweitern hat (§§ 336, Abs. 1, 338, 284—288 HGB). Der Gesamtverband hat unter Berücksichtigung der Gliederungsvorschriften der Formblatt-VO und von § 338 HGB einen Vorschlag zur Strukturierung des Anhangs sowie einen **Vordruck** entwickelt (GGW „Erläuterungen" Anhang Teil C, S. 5, 140—146 und Vordrucke, S. 9 ff).

17 o) Die Formblatt-VO enthält keine **Bewertungsvorschriften.** Es gelten die allgemeinen handelsrechtlichen Grundsätze und Vorschriften, insbesondere § 252 ff HGB. Ausgenommen sind gemäß § 336 Abs. 2 Satz 1 2. Halbsatz HGB: § 277 Abs. 3 HGB betreffend den gesonderten Ausweis außerplanmäßiger Abschreibungen, § 279 HGB mit der Folge, daß Abschreibungen nach Maßgabe von § 253 Abs. 2 bis 4 HGB uneingeschränkt zulässig sind, § 280 HGB, also das „Wertaufholungsgebot", sowie die Bewertungsvorschriften der §§ 281 Abs. 2 Satz 1, 285 Nr. 5 u. 6 HGB. Letztere haben im wesentlichen steuerrechtliche Bedeutungen und sind für gemeinnützige Wohnungsunternehmen nicht praktisch (s. i. e. GGW, „Erläuterungen" Teil C, S. 3 und Anl. 7 S. 4).

p)Nach den **Übergangsvorschriften** des Art. 24 Abs. 1 Satz 2 EGHGB können im Grundsatz die **Wertansätze** des **Anlage- und Umlaufvermögens** im Jahresabschluß für das am 31. 12. 1985 endende oder laufende Geschäftsjahr beibehalten werden. **18**

q) **Rückstellungen und Verbindlichkeiten,** die im letzten Jahresabschluß vor der Anwendung des neuen Rechts mit einem niedrigeren Wert angesetzt worden sind, als nach den §§ 249 Abs. 2, 253 Abs. 1 Satz 2 HGB zulässig, müssen bei Aufstellung des ersten Jahresabschlusses nach dem nunmehr geltenden Recht aufgelöst bzw. angepaßt werden. Wohnungsbaugenossenschaften müssen daher eine bisher gebildete **Bauerneuerungsrückstellung** auflösen, soweit diese nicht die Voraussetzungen von § 249 Abs. 2 HGB erfüllt (Art. 24 Abs. 3, 4 EGHGB). **19**

**Rückstellungen,** für deren Bildung bisher ein **Wahl**recht bestand, für die aber nach neuem Recht eine **Passivierung** vorgeschrieben ist, müssen im ersten Jahresabschluß, der nach neuem Recht aufzustellen ist, unter Beachtung von § 249 HGB neu gebildet werden. Das gilt insbesondere für Rückstellungen für im Geschäftsjahr unterlassene **Instandhaltungsaufwendungen,** die im folgenden Geschäftsjahr nachgeholt werden, sowie für **Gewährleistungen,** die ohne rechtliche Verpflichtungen erbracht werden (§ 249 Abs. 1 u. 2 HGB, s. i. e. GGW „Erläuterungen" Teil C 63, ferner Götz, ZfgW Bay 1986, 453, ders. GW 1987, 107, Leirich, GW 1987, 332).

r) Die **Erleichterung** bei der **Darstellung des Anlagevermögens** aus Art. 24 Abs. 6 EGHGH kommt für Wohnungsgenossenschaften nur ausnahmsweise in Betracht, weil sich bei ihnen die ursprünglichen Anschaffungs- oder Herstellungskosten aus dem Inventar ergeben. **20**

s) Der nach Maßgabe von §§ 336 Abs. 2 und 3, 289 HGB aufzustellende **Lagebericht** muß zumindest den Geschäftsverlauf sowie die Vermögens-, Finanz- und Ertragslage darstellen und einen Überblick über die Gesamtsituation der Genossenschaft geben. Die Erläuterungen zum Geschäftsverlauf einer Wohnungsbaugenossenschaft sollten insbesondere eingehen auf die Neubautätigkeit, die Modernisierungstätigkeit, die Instandhaltung, die Wohnungsbewirtschaftung, die Betreuungs- und Verkaufstätigkeit sowie auf die Ertragsentwicklung in den wesentlichen Funktionsbereichen, insbesondere in der Hausbewirtschaftung, ferner im Bereich „Forschung und Entwicklung" z. B. auf kostensparendes Bauen, den Einsatz moderner Techniken zur Einsparung von Heizenergie u. ä. (GGW, „Erläuterungen" Teil D, S. 1, 2). **21**

## § 337 HGB

### Vorschriften zur Bilanz

**(1) An Stelle des gezeichneten Kapitals ist der Betrag der Geschäftsguthaben der Genossen auszuweisen. Dabei ist der Betrag der Geschäftsguthaben der mit Ablauf des**

**Geschäftsjahrs ausgeschiedenen Genossen gesondert anzugeben. Werden rückständige fällige Einzahlungen auf Geschäftsanteile in der Bilanz als Geschäftsguthaben ausgewiesen, so ist der entsprechende Betrag auf der Aktivseite unter der Bezeichnung „Rückständige fällige Einzahlungen auf Geschäftsanteile" einzustellen. Werden rückständige fällige Einzahlungen nicht als Geschäftsguthaben ausgewiesen, so ist der Betrag bei dem Posten „Geschäftsguthaben" zu vermerken. In beiden Fällen ist der Betrag mit dem Nennwert anzusetzen.**

**(2) An Stelle der Gewinnrücklagen sind die Ergebnisrücklagen auszuweisen und wie folgt aufzugliedern:**

1. **Gesetzliche Rücklage;**
2. **andere Ergebnisrücklagen; die Ergebnisrücklage nach § 73 Abs. 3 des Gesetzes betreffend die Erwerbs- und Wirtschaftsgenossenschaften und die Beträge, die aus dieser Ergebnisrücklage an ausgeschiedenen Genossen auszuzahlen sind, müssen vermerkt werden.**

**(3) Bei den Ergebnisrücklagen sind gesondert aufzuführen:**

1. **Die Beiträge, welche die Generalversammlung aus dem Bilanzgewinn des Vorjahrs eingestellt hat;**
2. **die Beträge, die aus dem Jahresüberschuß des Geschäftsjahrs eingestellt werden;**
3. **die Beiträge, die für das Geschäftsjahr entnommen werden.**

Zu den in dieser Vorschrift enthaltenen Besonderheiten für die Bilanz von Genossenschaften vgl. § 266 Rdn. 37 ff.

## § 338 HGB

### Vorschriften zum Anhang

**(1) Im Anhang sind auch Angaben zu machen über die Zahl der im Laufe des Geschäftsjahrs eingetretenen oder ausgeschiedenen sowie die Zahl der am Schluß des Geschäftsjahrs der Genossenschaft angehörenden Genossen. Ferner sind der Gesamtbetrag, um welchen in diesem Jahr die Geschäftsguthaben sowie die Haftsummen der Genossen sich vermehrt oder vermindert haben, und der Betrag der Haftsummen anzugeben, für welche am Jahresschluß alle Genossen zusammen aufzukommen haben.**

**(2) Im Anhang sind ferner anzugeben:**

1. **Name und Anschrift des zuständigen Prüfungsverbandes, dem die Genossenschaft angehört;**
2. **alle Mitglieder des Vorstands und des Aufsichtsrats, auch wenn sie im Geschäftsjahr oder später ausgeschieden sind, mit dem Familiennamen und mindestens einem ausgeschriebenen Vornamen; ein etwaiger Vorsitzender des Aufsichtsrats ist als solcher zu bezeichnen.**

**(3) An Stelle der in § 285 Nr. 9 vorgeschriebenen Angaben über die an Mitglieder von Organen geleisteten Bezüge, Vorschüsse und Kredite sind lediglich die Forderungen anzugeben, die der Genossenschaft gegen Mitglieder des Vorstands oder Aufsichtsrats zustehen. Die Beträge dieser Forderungen können für jedes Organ in einer Summe zusammengefaßt werden.**

1 Im Anhang (zu den sonstigen Angabepflichten vergleiche Erläuterungen zu § 284 und § 285 HGB) ist die Zahl der im Lauf des Geschäftsjahres eingetrete-

nen oder ausgeschiedenen sowie die Zahl der am Schluß des Geschäftsjahres der Genossenschaft angehörigen **Mitglieder** anzugeben (Abs. 1 Satz 1). Diejenigen Mitglieder, die zum Ende des Geschäftsjahres ausscheiden, sind nicht mehr als „angehörige" Mitglieder anzugeben, da Sinn und Zweck der Vorschrift ist, die Zahl der Mitglieder anzugeben, die zu Beginn des neuen Geschäftsjahres vorhanden sind (RGZ 56, 425; KGJ 34, 205; KG, BlfG 1936, 1011; LG Aachen, ZfG 1955, 240). Befindet sich eine Genossenschaft in Liquidation, sind hingegen die Mitglieder mitanzugeben, die nach § 75 nicht ausgeschieden sind.

**Stirbt** ein Mitglied, so scheidet es sofort aus. Seine Mitgliedschaft geht auf **2**
den Erben über. Dieser wird als Gesamtrechtsnachfolger selbst Mitglied der Genossenschaft kraft Gesetzes (vgl. § 77 und die dortigen Erläuterungen). Hinsichtlich der Angaben ist wie folgt zu unterscheiden:

Im Falle des § 77 Abs. 1 **(auslaufende Mitgliedschaft)** scheidet der Erbe am Ende des Geschäftsjahres aus, in dem der Erbfall eingetreten ist; bis dahin hat er die Rechte und Pflichten des Erblassers innegehabt; bei der Angabe wird nur das Ausscheiden einer Person (besser einer Mitgliedschaft) angegeben, obwohl rein rechtlich der Erblasser im Laufe des Geschäftsjahres und der Erbe am Schluß des Geschäftsjahres ausgeschieden sind. Wird der Tod erst nach Bilanzfeststellung bekannt, so sind diese geringfügigen Abweichungen der Angaben von der Wirklichkeit unbeachtlich, insbesondere ist kein neuer Jahresabschluß aufzustellen und zu beschließen.

Im Falle des § 77 Abs. 2 **(unbefristete Mitgliedschaft)** tritt der Erbe auch zeitlich uneingeschränkt in die Rechtsposition des Erblassers ein (vgl. die Erläuterungen zu § 77 Abs. 2). Obwohl hier rein rechtlich der Erblasser ausgeschieden und der Erbe beigetreten ist, ist bei der Angabe der Zahl der Mitglieder weder das Ausscheiden noch das Eintreten des Erblassers zu berücksichtigen; der Fall ist so zu behandeln, als wenn eine Mitgliederbewegung nicht eingetreten sei. Dies dürfte am ehesten dem Grundsatz der Gesamtrechtsnachfolge entsprechen.

Die Angabe der Mitgliederzahl muß nicht mit einem unrichtigen Stand der **3**
**gerichtlichen Liste** der Mitglieder übereinstimmen (KG, BlfG 1936, 1011), wenn der Vorstand der Überzeugung ist, daß die von ihm nach § 30 geführte Liste die zutreffenden Angaben enthält.

Außerdem ist der Gesamtbetrag anzugeben, um welchen sich im Laufe des **4**
Geschäftsjahres die **Geschäftsguthaben** sowie die **Haftsummen** der Mitglieder vermehrt oder vermindert haben und — entsprechend der Gesamtmitgliederzahl — der Gesamtbetrag der Haftsummen aller Mitglieder am Ende des Geschäftsjahres (§ 33 Abs. 4). Es gilt das vorstehend zu den Mitgliederangaben Gesagte. Allerdings sind zusätzlich auch, soweit die Voraussetzungen des § 76 Abs. 4 am Ende des Geschäftsjahres vorliegen, die Haftsummen der Mitglieder anzugeben, die ihre Geschäftsguthaben übertragen haben. Gleiches gilt, so-

weit zum Ende des Geschäftsjahres die Voraussetzungen des § 115b vorliegen, für die innerhalb der letzten 18 Monate vor der Eröffnung des Konkursverfahrens ausgeschiedenen Mitglieder (vgl. § 115b und die dortigen Erläuterungen).

**5** Nach Abs. 2 Nr. 1 ist der zuständige Prüfungsverband anzugeben. Gehört die Genossenschaft zwei Prüfungsverbänden als Mitglied an, können beide Verbände angegeben werden. Hierbei sollte jedoch der Prüfungsverband, der die gesetzliche Prüfung durchführt, bezeichnet werden.

Nach Abs. 2 Nr. 2 sind die Vorstands- und Aufsichtsratsmitglieder unter zusätzlicher Bezeichnung des Aufsichtsratsvorsitzenden anzugeben, auch wenn sie im Laufe des Geschäftsjahres oder später ausgeschieden sind. Zusätzlich kann auch deren genaue Anschrift angegeben werden.

**6** Außerdem sind die Forderungen (z. B. Kredite) anzugeben, die der Genossenschaft gegen die Vorstands- und Aufsichtsratsmitglieder zustehen. Auch müssen nach dieser Vorschrift die Beträge für jedes Organ jeweils in einer Summe zusammengefaßt angegeben werden.

**7** Zum Anhang bei **Wohnungsgesellschaften** s. Rdn. 16 zu § 330 HGB im Anhang zu § 33 GenG.

## § 339 HGB
## Offenlegung

**(1) Der Vorstand hat unverzüglich nach der Generalversammlung über den Jahresabschluß den festgestellten Jahresabschluß, den Lagebericht und den Bericht des Aufsichtsrats zum Genossenschaftsregister des Sitzes der Genossenschaft einzureichen. Ist die Erteilung eines Bestätigungsvermerks nach § 58 Abs. 2 des Gesetzes betreffend die Erwerbs- und Wirtschaftsgenossenschaften vorgeschrieben, so ist dieser mit dem Jahresabschluß einzureichen; hat der Prüfungsverband die Bestätigung des Jahresabschlusses versagt, so muß dies auf dem eingereichten Jahresabschluß vermerkt und der Vermerk vom Prüfungsverband unterschrieben sein. Ist die Prüfung des Jahresabschlusses im Zeitpunkt der Einreichung der Unterlagen nach Satz 1 nicht abgeschlossen, so ist der Bestätigungsvermerk oder der Vermerk über seine Versagung unverzüglich nach Abschluß der Prüfung einzureichen. Wird der Jahresabschluß oder der Lagebericht nach der Einreichung geändert, so ist auch die geänderte Fassung einzureichen.**

**(2) Der Vorstand einer Genossenschaft, die die Größenmerkmale des § 267 Abs. 3 erfüllt, hat ferner unverzüglich nach der Generalversammlung über den Jahresabschluß den festgestellten Jahresabschluß mit dem Bestätigungsvermerk in den für die Bekanntmachungen der Genossenschaft bestimmten Blättern bekanntzumachen und die Bekanntmachung zu dem Genossenschaftsregister des Sitzes der Genossenschaft einzureichen. Ist die Prüfung des Jahresabschlusses zum Zeitpunkt der Generalversammlung nicht abgeschlossen, so hat die Bekanntmachung nach Satz 1 unverzüglich nach dem Abschluß der Prüfung zu erfolgen.**

**(3) Die §§ 326 bis 329 über die größenabhängigen Erleichterungen bei der Offenlegung, über Form und Inhalt der Unterlagen bei der Offenlegung, Veröffentlichung und Vervielfältigung sowie über die Prüfungspflicht des Registergerichts sind entsprechend anzuwenden.**

Die Einreichung nach Abs. 1 Satz 1 hat beim Registergericht des Sitzes der Hauptniederlassung zu erfolgen. Sie ist von so vielen Vorstandsmitgliedern zu unterzeichnen, wie satzungsgemäß zur gesetzlichen Vertretung befugt sind; § 157 GenG, der sich auf die Anmeldung bezieht, gilt nicht. **1**

Die Einreichung hat nunmehr ausdrücklich **unverzüglich** zu erfolgen. Der Vorstand kann durch Festsetzung von Zwangsgeld zur Erfüllung ihrer Einreichungspflicht anzuhalten (§ 160 Abs. 1 Satz 2 GenG). Das Registergericht kann nicht von Amts wegen einschreiten, sondern nur, wenn ein Mitglied, ein Gläubiger oder der Betriebsrat dies beantragt (§ 160 Abs. 2 GenG i. V. m. § 335 Satz 2 HGB). Bei der Einreichung muß auch das Datum der Feststellung des Jahresabschlusses angegeben werden. § 329 entspricht dem für Kapitalgesellschaften geltenden § 325 HGB; im Unterschied zu § 325 Abs. 1 brauchen **alle** Genossenschaften nach § 339 Abs. 1 nicht bekanntzumachen, bei welchem Genossenschaftsregister und unter welcher Nummer diese Unterlagen einzureichen sind. Wegen zusätzlicher Erleichterungen für kleine und mittelgroße Genossenschaften siehe Rdn. 6.

Hinsichtlich des erteilten bzw. verweigerten bzw. noch nicht erteilten **Bestätigungsvermerks** siehe Abs. 1 Satz 2 und 3. **2**

Wird der Jahresabschluß oder der Lagebericht nach der Einreichung **geändert,** so ist auch die geänderte Fassung einzureichen. **3**

Der Registerrichter hat kein materielles Prüfungsrecht hinsichtlich des Jahresabschlusses und des Lageberichts. Er kann nur prüfen, ob die eingereichten Unterlagen den formalen Anforderungen des Gesetzes entsprechen (formelles Prüfungsrecht). **4**

Eine **große** Genossenschaft im Sinne von § 267 Abs. 3 (vgl. die Erläuterungen zu § 277 HGB im Anhang zu § 33 GenG) hat die Bekanntmachungspflichten gemäß Abs. 2 zu erfüllen. Bei der Bekanntmachung muß auch das Datum der Feststellung des Jahresabschlusses angegeben werden. **5**

Diese Bekanntmachungspflichten hat der Vorstand einer großen Genossenschaft vor Einreichung der Unterlagen beim Genossenschaftsregister vorzunehmen und danach das Belegexemplar der Bekanntmachung mit dem Lagebericht und dem Bericht des Aufsichtsrats dem Genossenschaftsregister einzureichen.

Nach Abs. 3 gelten für **kleine und mittelgroße Genossenschaften** im Sinne von § 267 Abs. 1 und 2 (vgl. die Erläuterungen zu § 267 i. V. m. § 336 HGB im Anhang zu § 33 GenG) folgende Erleichterungen: **6**

— Kleine Genossenschaften brauchen gemäß § 326 HGB i. V. m. § 325 Abs. 1 HGB nur die Bilanz und den Anhang beim Genossenschaftsregister einzureichen, und zwar spätestens vor Ablauf des 12. Monats des dem Bilanzstichtag nachfolgenden Geschäftsjahres. Von der Einreichung der Gewinn- und Verlustrechnung kann ganz abgesehen werden. Der Anhang braucht in diesem Fall auch nicht die die Gewinn- und Verlustrechnung betreffenden Angaben zu machen. Die Verweisung auf § 325 Abs. 1 HGB ist nicht dahin zu verstehen, daß diese Genossenschaften bekanntzugeben haben, bei welchem Genossenschaftsregister und unter welcher Nummer diese Unterlagen eingereicht worden sind (vgl. hierzu Rdn. 1 am Ende).

— Mittelgroße Genossenschaften müssen zwar den gesamten Jahresabschluß nebst Lagebericht einreichen, sie dürfen jedoch die Bilanz nach der den kleinen Genossenschaften gestatteten Form (§ 266 Abs. 1 Satz 3 HGB — ergänzt um verschiedene Zusatzangaben gemäß § 327 Nr. 1 HGB — und auch den Anhang entsprechend § 327 Nr. 2 HGB) einreichen.

**7** **Kreditgenossenschaften** haben nach § 26 KWG innerhalb von 3 Monaten den Jahresabschluß aufzustellen; die aufgestellte sowie später die festgestellte Jahresbilanz, die Gewinn- und Verlustrechnung und den Geschäftsbericht haben sie in vierfacher Ausfertigung dem Prüfungsverband, dem sie angehören, einzureichen zwecks Weiterleitung an das Bundesaufsichtsamt für das Kreditwesen sowie an die zuständige Landeszentralbank. Der Prüfungsverband hat hierbei zu den Unterlagen Stellung zu nehmen, soweit er dies nach pflichtgemäßem Ermessen für erforderlich hält (Szagunn/Neumann, § 26 KWG Anm. 16). Der Prüfungsbericht ist nur auf Anforderungen einzureichen. Vgl. im übrigen neben den Anzeigepflichten gemäß § 24 KWG die Anzeigepflichten gemäß §§ 13—15 KWG.

**8** Kreditgenossenschaften haben im übrigen nach § 25 KWG unverzüglich nach Ablauf eines jeden Monats **Monatsausweise** an die Deutsche Bundesbank einzureichen; es genügt die Einreichung der monatlichen Bilanzstatistik (vgl. hierzu sowie zu den Ausnahmen Reischauer/Kleinhans, KWG, Erläuterungen zu § 25). Außerdem ist die Bundesbank nach § 18 BBG berechtigt, zur Erfüllung ihrer Aufgaben Statistiken auf dem Gebiet des Bank- und Geldwesens bei allen Kreditinstituten anzuordnen und durchzuführen.

**9** **Gemeinnützige Wohnungsbaugenossenschaften** mit Spareinrichtung haben den Jahresabschluß (Jahresbilanz und die Gewinn- und Verlustrechnung) gemäß § 26 Abs. 1 KWG aufzustellen und den aufgestellten sowie später den festgestellten Jahresabschluß und den Geschäftsbericht unverzüglich in fünffacher Ausfertigung ihrem Prüfungsverband einzureichen (BAK, Schreiben vom 20. 9. 1978, aaO Abschn. IV, 4. a; Reischauer/Kleinhans, KWG, Kz. 225). Übersteigt die Bilanzsumme 10 Mio DM, so ist der Jahresabschluß spätestens bis zum Ablauf von 5 Monaten nach Schluß des Geschäftsjahres und vor der Feststellung zu prüfen und mit dem Bestätigungsvermerk einzureichen. Größenabhängige Erleichterungen bei der Offenlegung dürfen diese Genossenschaften nicht in Anspruch nehmen (s. GGW „Erläuterungen", Teil E/Offenlegung, S. 2; Rechnungswesen und Prüfung der Wohnungsunternehmen, GGW, Richtlinien, 1988, Teil B III Rdn. 17, 20, S. 35; ferner Rdn. 12 zu § 330 HGB im Anhang zu § 33 GenG).

## Stichwortverzeichnis

Die fetten Zahlen verweisen auf die Paragraphen, die mageren auf die Randnummern.

www.ingramcontent.com/pod-product-compliance
Lightning Source LLC
LaVergne TN
LVHW010547300926
849162LV00002B/254